THE
SALES
APE-MAN

销售猿

业务冠军的营销心理学

孙惟微 | 著

中国海关出版社
China Customs Press
·北京·

图书在版编目（CIP）数据

销售猿——业务冠军的营销心理学/孙惟微著.—北京：中国海关出版社，2018.4

ISBN 978-7-5175-0256-2

Ⅰ.①销… Ⅱ.①孙… Ⅲ.①市场心理学 Ⅳ.①F713.55

中国版本图书馆CIP数据核字（2017）第320139号

销售猿——业务冠军的营销心理学
XIAOSHOU YUAN——YEWU GUANJUN DE YINGXIAO XINLIXUE

作　　者：孙惟微	
责任编辑：李易飏	
助理编辑：刘　婧	
出版发行：中国海关出版社	
社　　址：北京市朝阳区东四环南路甲1号	邮政编码：100023
网　　址：www.hgcbs.com.cn；www.hgbookvip.com	
编 辑 部：01065194242-7548（电话）	01065194231（传真）
发 行 部：01065194221/4238/4246（电话）	01065194233（传真）
社办书店：01065195616（电话）	01065195127（传真）
www.customskb.com/book（网址）	
印　　刷：北京鑫益晖印刷有限公司	经　　销：新华书店
开　　本：710mm×1000mm　1/16	
印　　张：17	字　　数：206千字
版　　次：2018年4月第1版	
印　　次：2018年4月第1次印刷	
书　　号：ISBN 978-7-5175-0256-2	
定　　价：45.00元	

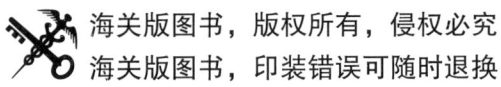

海关版图书，版权所有，侵权必究
海关版图书，印装错误可随时退换

从黑猩猩到黑科技的营销读脑术
（代序）

> 情感、感知和生理节律等，都在人类决策中扮演着不同的角色。处于低级进化次序的器官，反而在决策推理循环中具有较优先的地位。
>
> ——安东尼奥·达马西奥

人猿分离用了 600 万年左右，但从进化史上看，这是个很短暂的阶段。黑猩猩和人类基因组的 DNA 序列相似性达到 99%。

人类的进化缓慢而单调，一万年来，我们的基因就基本未曾改变。从遗传上讲，我们依然是洞穴中的男女，尽管我们生活在超现代社会里。

过去，是了解现在的钥匙

在广袤的非洲大陆，现代文明与原始部落共存。有些原始部落的土著，几十年前还是刀耕火种，而现在他们已经可以使用手机、电脑，和全世界的人做生意。

与原始人相比，我们现代人的行为特点并没有太大的改变。与漫长的进化史相比，我们所谓的现代文明还太过短暂。

如果你承认营销是关于消费者行为的一门学问，我们就不得不追溯到史前时代。

史前世界，神秘幽远。

先民需要群居，以避免成为野兽的晚餐，故而，"合群"会让我们感到安全、温暖，因此可以说"赶时髦"是我们的一种"本能"。

有特权先民可以优先获得饮食权和交配权，存活的可能性更大。所以，我们对象征着特权的东西总是趋之若鹜。

人们需要互助、互惠才能存活，所以，人情债是我们心底永远的负担，这其实也是交换和商业的起源。

从这个意义上讲，我们智人和"远房亲戚"黑猩猩的行为模式有着共同的根源。这些是解码当下营销秘密的一把钥匙。

营销学，一个弥天大谎？

传统营销学理论在修修补补过程中，将各种方法纳入旗下。

比如菲利普·科特勒（Philip Kotler）的"大营销"观念，实际上是把市场营销学和公共关系学整合在了一起。而艾·里斯（Al Ries）在《广告的没落，公关的崛起》一书中，又似乎把营销与公关割裂开来了。

在企业家史玉柱眼里，市场营销学就是一场骗局。

他说："我一直认为，营销学书上的那些东西都是不可信的，和他们想法相反的，倒可以试一下。营销学诞生于美国20世纪初，事实上是当时美国几大广播公司搞出来的，目的就是为了让企业投放广告。"

一般教科书会介绍说，市场营销这门学问诞生于20世纪初。其实，认真追究起来，很多"营销手法"，在古代就已经存在。

其实，有没有市场营销学这个概念，一点都不重要。因为"知识本是一体的，把它分成不同的学科只是屈从了人类的软弱而已（Sir Halford Mackinder，1887）。"

营销学的涅槃

经济学是建立在"经济人"假设的基础之上的，即假设人是完全理性的。

传统的市场营销学，落入了同样的窠臼，尽管它是最应该研究人的行为的一门学问。

在营销实践中，我们随处可见营销人员一厢情愿的"市场细分"，或荒谬绝伦的"市场调研"。

经济学已经迷途知返。2002年的诺贝尔经济学奖授予了心理学家丹尼尔·卡尼曼（Daniel Kahneman），他所研究的是行为经济学，更倾向于研究人类"非理性"的一面。

最近,《哈佛商业评论》发表了一篇名为《传统营销已死》的文章。文中指出:包括广告宣传、公共关系、品牌管理以及企业传媒在内的传统营销手段皆已失效。

营销或许永远不会死,但它需要涅槃重生,需要我们更深入地去研究消费者的行为模式。

比如,传统市场调研手法主要依靠问卷调查与访谈。然而,不论研究机构如何小心谨慎、煞费苦心,调研结果总会存在明显的偏差。这是因为,人们可能在受访过程中说谎或是掩盖真相。特别是涉及敏感话题时,受访者总会屈服于各种压力,说出言不由衷的话。

于是乎,市场调研的结论常与事实相去甚远,有时候甚至还会误导决策。

我们需要运用更先进的理论与手段来进行营销,比如"行为心理学",或"脑神经科学"。

黑科技读脑术

随着大脑成像技术的进步,科学界所掌握的大脑运作原理也越来越多。利用此类"黑科技"(比如定量脑电图与功能性核磁共振成像)手段做市场营销学研究的流派,叫作"神经营销学"。而这个学派的营销学家,我们不妨称之为"神经营销学家"。

现在,神经营销学家只需要把一些电极附着在你的脑袋上,就能"窥探"

到你脑袋里想的东西。这是因为，人们在消费时的每个想法、每种情绪都会使脑电波中出现一种相应的电流，在"黑科技"监控下，这种生理反应无法伪装，无法作弊，也无法撒谎。

例如，美国埃默里大学医院的神经科学家们已经确认，大脑内侧前额叶皮质活动的激烈程度与一件物品对当事人产生的吸引力的大小有关。如果前额叶皮质活动剧烈，消费者购买该物品的可能性就更大，这表明他们认为这件商品与其形象相一致。

利用技术手段，神经营销学家能够监测人们对品牌与商品的潜意识反应，以及人们在做出选择时的心理活动，可以查明消费者在购物时兴奋点与注意力的波动情况，并且相当准确地预测出哪些信息会被记住，哪些会被遗忘；能够窥见消费者情绪反应的激烈程度，从而预测购买的可能性有多大。

在这种"黑科技"手段的帮助下，神经营销专家可以"读取"消费者大脑中的信息，探明他们的想法，深入潜意识之中，并通过营销伎俩在消费者购买过程中"挖坑""种草"，启动消费者的购买按钮。

这本书可以说是一本消费者行为学著作，它将深入研究消费者匪夷所思的非理性行为，归纳出其中的规律与法则，并试图从行为经济学、进化心理学以及脑神经科学的角度，来揭示其中隐含的原因。

目 录

第1章 奢侈简史
——一切奢侈品都是日用品 1
灵长类动物的"等级"执念 3
骨子里的"身份焦虑" 5
人性中的"稀缺效应" 6
源远流长的奢侈品营销学 7
禁脔效应 10
紫禁物华 12
攀龙附凤 14
登龙有术 15
借尸还魂 16
金权秩序下的精神鸦片 17
附庸风雅 19

第2章 全球折叠
——比阶级固化更残酷的是极速分化 21
稀缺会激起人的占有欲 24
维持奢华印象 27
如果大熊猫和野猪一样多 29
营销梦想,虏获金钱 33
一切奢侈品,终将沦为日用品 34

穷人是奢侈品的最大买主　36
　　奢侈品营销的迷思　39
　　奢侈的重点是"尊享"　40
　　奢侈品的罩门在"公关"　41
　　　　点石成金　42
　　奢侈，堵不如疏　43
　　阶层在极速分化　45

第3章　性感营销
——最老的诱饵与最新的困境　49
人本，就是直面人的本能　52
性诱惑与购买欲　53
性·奢侈·资本主义　54
CK，性感营销的特例　56
性感营销只是噱头吗？　58
镜像神经元与皮格马利翁效应　59
风尚是如何产生的　60
汽车业的性感营销　61
性感营销的局限性　62
画虎不成反类犬　63
可口可乐变形记　65
成也性感，败也性感　67
泛性论是偏颇的　69

第4章　品牌宗教
——超级品牌摄魂术　71
　　造出梦幻之物　74

制造神秘，超越预期　77
预期管理，让粉丝成为布道者　78
心灵，比"性"更有效的营销利器　80
强势品牌的共同特质　82
强势品牌营销　83

第 5 章　超级故事
——心灵密钥与品牌叙事　87

屠龙者　90
都市传说，与时俱进的品牌故事　92
神话、传说，不全是空穴来风　94
故事是一种传达品牌意象的修辞格　95
品牌故事是一种"元叙述"　97
造梦者　98
故事内核与集体无意识　102
传递品牌意象　103

第 6 章　大脑魔镜
——模仿、暗示以及情感印刻　107

我们是易被影响的物种　110
有同理心，才有互惠　111
社群认同，有样学样　112
觥筹交错间，生意更易成交　113
合作，创造了人类　114
投桃报李，人之本能　115
免费的，才是最贵的　118
甜蜜的挟持，温柔的霸道　119

便宜的礼品，也能收到神奇的效果　123

第7章　禁忌游戏
——顾客购买的深层动机　125
"阅后即焚"崛起之谜　128
人为什么会赶时髦　129
贱人，止步　130
魔鬼的"一打"　132
芭比娃娃是如何流行的　133
搞定了小孩子，就等于搞定了大人　135
欲擒故纵的烟草公司　136
成人的逆反　137
叫好的产品未必能叫座　138
商学院的尴尬　139
超市为何喜欢让顾客排队　140
符号消费者　141

第8章　价格诱惑
——触发购买欲的定价艺术　143
口香糖为什么要摆在收银台附近　145
极品是价格之锚　148
橱窗里的价格玄机　150
定价的虚与实　151
中杯卖得更好？　152
走上低价"不归路"　154
"低球策略"与一致性　156
让买鱼钩的客户再买艘游艇　161

购买行为的"连锁反应" 162
2元店为什么会赚钱 163
为什么电影院的爆米花很贵 164
高球策略：先向客户推荐贵的商品 166
"高开低走"的定价策略 168
什么样的促销频率效果最佳？ 170
限时限量的特价策略 172
"最后通告"的诱惑 173

第9章 多见则喜
——印象的叠加、强化与微调 175
曝光效应 178
"混个脸熟"很重要 179
炒作是作品的一部分 182
同气相求，惺惺相惜 183
为什么商家喜欢请明星做代言？ 186

第10章 封印魔法
——情感营销与心理刻印 187
营销洗脑，从0岁开始 190
苏格拉底的譬喻 191
用一个美好的"符号"做名字 193
恐惧，最原始的情绪 194
肯德基、可口可乐的神秘配方 196
是"占领心智"，还是"情感印刻"？ 198
定位，一句正确的废话 200
唤起情绪的触发点 202

无声胜有声，尽在不言中　204
风行水上，自然成文　206

第11章　摩登猿人
——现代消费者的原始思维　209
西藏不产藏红花　212
BUFF效应　213
摩登食人族　214
广告是产品的一部分　215
手枪与蛇，哪个更可怕？　217

第12章　成交力学
——被操纵的购买行为　219
小狗策略　221
宜家效应　223
打折与返券，哪个更优惠？　224
套餐，套你没商量　225
参照依赖　226
交易效用　227
网店奢侈品，缺少仪式感　228
小财心态　229
魔力价格　231
"免费"是兴奋剂　232
限时、限量，异曲同工　235
人们总是经不住排队的诱惑　235

第13章 感官世界
——七情六欲，皆为商机 239
老鼠版的"黑客帝国" 242
因为欲望，所以欲望 243
营销唤起的需要 244
购物，感官欲望牵引的冒险 245
无法拒绝的嗅觉营销 246
"现场制作"可调动购买冲动 248
背景音乐与购买决策 249
感官效果决定产品销路 251
优雅、洁净的装潢利于销售 252
温度与湿度可影响消费行为 255
"过度包装"的界限在哪里 255

第1章 奢侈简史
——一切奢侈品都是日用品

> 漂亮却不昂贵的东西就不能算是漂亮。
>
> ——凡勃伦

> 人类喜欢的，终究是自己的欲望，而非想要的东西。
>
> ——尼采

> 我们对稀罕商品本能的占有欲，直接反映了人类的演化史。
>
> ——罗伯特·西奥迪尼

奢侈经济是一头幻兽，是资本主义兴起的原始动力。

可以说，没有奢侈品，就没有资本主义。

在资本的加持下，几乎所有的日用品都可打造为奢侈品。

在生产力的推动下，几乎所有的奢侈品终将沦为日用品。

灵长类动物的"等级"执念

在所有动物中，灵长目的等级制度最为森严。

几乎所有的灵长目动物，如猕猴、黑猩猩等，都过着等级森严的群居生活。

研究发现，黑猩猩群体捕到猎物后，并不是平均分食，而是领头的猩猩先吃，次强的猩猩分食剩下的部分，其余的猩猩只能捡一些食物残渣，等级很森严。

某个纪录片曾展示过这样一幅画面，在下雪的冬天，日本猕猴群体中的猴王和它的"近臣"在温泉里泡澡取暖，其他的猴子只能在岸上迎雪挨冻，眼巴巴地看着猴王在温泉里逍遥。其实，那温泉的空间很大，足够所有的猴子取暖。

人类，作为万物之灵长，将这种等级特征发挥到了极致。

比如，对内蒙古赤峰的红山文化考古就发现，彼时先民已存在严格的等级高低之分。

传统理论认为，原始社会不存在等级观念和贫富差距。真是这样吗？

猿人，曾经也是群居的灵长动物，难道有什么特别理由使得各个"阶层"变得平等吗？

等级，在原始社会就已经存在。无论生产力是高，抑或是低，都不会影响到等级的存在。一些学者认为，由于原始社会生产力低下，又没有多余的生产资料，所以不存在阶级。其实，这很值得商榷。

今天，我们生活的世界，依然有人拼命减肥，有人饿死于无粮。

人，作为"万物之灵长"，对等级的迷恋，更为狂热。

《影响力》的作者罗伯特·西奥迪尼（Robert Cialdini）认为："我们对稀罕商品本能的占有欲，直接反映了人类的演化史。"

那反映了什么样的演化史呢？我猜想可能是这样的：

那些拥有特权的猴子，肯定拥有更多的进食权，更多的交配权，可以想象，它们在演化过程中的幸存概率也更大，它们的基因能得到更广泛的传播。而那些徘徊在特权之外的猴子，就算没有绝种，也会留下痛苦的记忆。很多世代之后，猴子身上就会演化出一种迷恋特权的本能。

如果这个假设成立，那么追求特权的行为，就会固化到我们的基因里，成为一种非理性的原始本能。我们对优越感的追求就会没有止境，不仅要吃得更好、住得更好，还要穿得更好、用得更好。人无我有，才叫优越。这可能就是，我们迷恋奢侈的源头。

骨子里的"身份焦虑"

理论上讲，人人生而平等。

或许出于政治原因，多数人对阶层问题三缄其口，否则就会赢得"毒舌"或"大嘴"的称号。然而，在奢侈品上暗自较劲的势头，却从未消失过。

毋庸讳言，人类仍然生活在一个金字塔式的层级社会中。

塔尖的人害怕掉下来，坚决捍卫与强调自己的特权。

塔中的人希望往上爬，获得更高阶层的接纳。

塔底的人捉襟见肘地维持着自己的体面，害怕跌落到更低的阶层——九渊之下还有九渊。

在层级社会中，人人都有"身份的焦虑"。

现在是提倡平等的社会，已经禁止把人划为三六九等。但这种"身份的焦虑"并未消除，因为到处都是隐形的层级、圈子。

从进化心理学的视角看，人类会对身份的降低产生恐惧。所谓的宠辱不惊，只是一种自我安慰。

购买奢侈品，会让我们产生处于在某个层级的幻觉，会让我们感到安全，获得慰藉。

如果花钱就能买到一种特权，那么，人们会毫不犹豫地花钱。哪怕这种特权是虚幻的。

奢侈品产业就是建立在这种假设之上。

人性中的"稀缺效应"

心理学家斯蒂芬·沃切尔（Stephen Worchel）曾进行过一项实验。他将两个相同的玻璃罐摆在被试者面前，其中一个罐子里装了10块饼干，而另一个里面只装了2块。他想知道人们会更珍惜哪一个罐子里的饼干。

虽然饼干的品质没有差别，玻璃罐也一模一样，但被试者显然更珍惜几乎空着的那一罐里的饼干。

正所谓物以稀为贵，量的多少，影响着被试者对饼干的价值判断。几乎快空了的饼干罐意味着饼干已经变成了稀缺品。

虽然两罐饼干的品质完全一样，但数量的多少成了人们判断价值高低的一个要素。

稀缺，会传递出一种信号，会让人"启动"一种直觉，认为若是某种东西在数量上较少，就代表着珍贵。因此，人凭直觉会认为，较空的那一个罐子里装着的饼干要更有价值。

简言之，稀缺性会改变人们的判断标准，这就是"稀缺效应"。

基于严谨性，实验进入第二阶段。

斯蒂芬·沃切尔要知道，如果饼干的数量突然增加或减少，被试者对饼干的价值判断是否会发生改变。他在几组被试者面前摆放好分别装着10块和2块饼干的玻璃罐。接下来，他从装有10块饼干的罐中突然拿走8块，放入只有2块饼干的罐子里。这一变化会影响被试者的判断吗？

结果表明，稀缺效应依然存在。人们会更加珍惜突然变少的饼干，而对突然变多的饼干则满不在乎。事实上，对突然增多的饼干，人们做出的价值判断比第一阶段中的10块饼干的价值判断还要低！

稀缺效应，是研究奢侈品营销的一把钥匙。

源远流长的奢侈品营销学

孔子一生最佩服的人有两个半。

第一个是周公，这是他的精神偶像，他经常梦到这个人。

第二个是老子，他说，老子就像一条神龙。

剩下这个半个就是管仲，孔子认为，没有管仲，我们恐怕都要沦为野蛮人了。

但是，孔子又骂管仲生活奢侈，不知节俭。

奢侈品营销，是古已有之的东西。最古老的奢侈品营销术，可以追溯到管仲时代。

管仲在投靠了齐桓公以后，就承诺辅佐他成就霸业。

齐桓公问管仲：怎样才能跟上时代潮流？

管仲回答：最好的办法莫过于搞好奢侈经济。

管仲很推崇珠玉之类的奢侈品，认为它们甚至比黄金、钱币之类的东西对国家更有用。

以管仲的地位（齐桓公尊他为仲父），完全可以视珠玉为粪土，过一种简单生活。但是，管仲却表现得像个暴发户，身上总是戴满了珠啊、玉啊、串儿啊之类叮叮咣咣的玩意儿，也不知道他到底真的喜欢这些东西，还是用来作秀。

管仲本人的生活非常奢侈，深谙奢侈的原理。从国家统治利益着眼，这其实是一种很高明的增加国库收入的方式。管仲喜欢戴珠下，齐国人都会跟风。但这些珠玉的矿藏都是国家垄断的，大部分利润都流向了国库。

管仲深知，珠宝玉石，饥不能食，寒不能衣。但这也是他进行"货币战争"的利器。

管仲建议齐桓公占领阴里，因为阴里独家出产一种玉石，这种玉石造的玉璧后被周天子拿来祭祀宗庙。

齐桓公将此处团团围住，让玉工在阴里制作玉璧存着。在管仲的参谋下，齐桓公"尊天子以令诸侯"。管仲借周天子之口宣布：照传统礼仪，必须带着玉璧，才能进太庙祭祀。

那时，天下诸侯繁衍了几百年，具有贵族血统的人越来越多，已经不稀罕了。可是，贵族如果没有阴里玉璧，就进不了太庙祭祀，就得不到身份的认证，就会产生一种"身份的焦虑"。

那时的管仲，比现在爱马仕的老板还要牛，你只有买了阴里玉璧，才是真正的贵族。

阴里玉璧共有五种规格：一尺大小的卖一万钱，八寸的卖八千钱，七寸的卖七千钱……

天下诸侯都没有阴里玉璧，阴里又被齐桓公重兵把守，因此诸侯们只好乖乖掏钱去买，于是乎，诸侯的金银纷纷流进了齐桓公的国库。

管仲把奢侈当作重要工作来抓，其实是处理国家与民众利益分配关系的一种上乘模式，即所谓"民不益赋而国用饶"。同时，奢侈品还是平衡国民收入的一种手段。

奢侈品其实是一种身份认证——穿戴奢侈品，是高级身份的标志。

其实，在管仲看来，购买奢侈品就是缴纳收入调节税。奢侈品是一种税收工具，让富裕阶层乖乖缴税的神器。

管仲自己住的宅子富丽堂皇，极尽奢华，他的奢侈程度甚至超过了齐桓公。

管子鼓励有钱人尽量奢侈，他不无夸张地说：你们煮鸡蛋，为什么不雕个花再去煮？烧锅的劈柴，为什么不让工匠先雕个造型再去烧呢？

管仲说："富者靡之，贫者为之。"穷人要节俭，富人要奢侈。以现代观点看来，管仲所倡导的奢侈消费，只是让"富者散资于民"的一种手段，这与曼德维尔所说的"有人撒金钱，则有人得工作"是一个意思。其根本目的还是以消费促生产。

管子的超前经济理念，让齐国变成了当时首屈一指的富国。当时，齐国经济甚为繁荣，博彩业、娱乐业甚至性产业都很发达（管仲被后世尊为青楼祖师爷）。国民众多而且富裕，在通往临淄的路上，经常发生堵车的现象。

管仲堪称一位经济学大师，他很早就洞察到，经济发展的玄机在于奢侈。

古人所谓经济，不过是"经世济民"这四个字的简称，管仲是真正当得起这四个字的人，是一位了不起的经济学家。

禁脔效应

脔 [luán]，就是小块肉的意思。

禁脔是什么？其实就是猪脖子上那一小块肉。

司马睿原本为西晋的琅琊王，西晋灭亡后逃到江南，在群臣拥立下，在建业（今南京）成立了东晋王朝。

刚开始，东晋基本上是一个流亡政权，经济上捉襟见肘。那时，牛羊才是上等祭品，但此时，这些落难的贵族能找到一头猪已属不易。只能把猪肉充当牺牲品。

祭祀用的肉，却有公益属性，参与者往往都能分享一些。

祭祀完毕，君臣便把猪肉分割，把猪脖子上那块肉献给皇上独享。这块肉只能皇帝独享，其他人不能吃，否则视为僭越。

猪脖子下那块禁脔，分量很少，一头肥猪也就十来斤吧。但"禁脔"真的就那么好吃吗？

没吃过猪肉，还没有见过猪跑吗？

猪脖子下这块肉，松松垮垮，既不是瘦肉，也不是脂肪，而是气管、血管、淋巴结的混合物，至多算是一种囊肉。由于这个部位还有密集的淋巴结（腺），食之对人体有害。

但就是这样的槽头肉（垃圾肉），却是一种名符其实的奢侈品，至少在东晋时代。

或许，大臣们让晋元帝独享猪脖子肉，并非因它的味道有多好，营养价值有多高，其实这更像是一种仪式、一个象征、一个符号。要知道，脖子那个地方非常关键，是猪的命门，更有"首领"的象征。所以，杀猪一般也是朝猪脖子上捅一刀。

禁脔，用于比喻珍美的、不容别人分享、染指的东西，或专指王室所独占的东西。但是，越是被禁止的东西，越是值得去获取。

在等级社会中，社会顶层人物的使用使得一种商品身价提升的现象，就是"禁脔效应"。比如，同时代的同一款茶杯，官窑生产的要比民窑生产的贵很多。

紫禁物华

东西方文化相映成趣，比如春秋时代的齐国与古罗马，都曾经以紫为贵。古罗马时期，官员、神职人员及上层社会16岁以上的人穿带有紫色镶边的托嘎，绣金紫袍则是官员将军的礼服，也是帝王的传统服装。罗马的最高统治者在隆重场合，如在征战得胜回城所举行的盛大凯旋仪式中也要穿紫袍。

韩非子讲过一个故事，说齐桓公喜欢穿紫色的衣服，齐国都城里的人便都穿紫色的衣服。于是，齐国一些布商就把库存白帛染成紫帛，涨价十倍依然脱销。齐桓公对此很苦恼，问管仲怎么办。管仲说，你只要不再穿紫衣，再公开表示对紫衣的厌倦，就可以了。

金字塔的顶层，就是时尚的风向标。

将现代奢侈品营销带入一个新境界的人，乃是进化论奠基人达尔文（Charles Robert Darwin）的外公——乔赛亚·威基伍德（Josiah Wedgwood）。他通过"禁脔效应"这一招，充分挖掘了奢侈品牌的商业价值，将奢侈品向大众营销。后世奢侈品产业之营销打法，从未超越此窠臼。

那时候，中国产的瓷器在英国是一种奢侈品。英国王室的御用瓷器，多是从中国进口的。在英国人看来，只有中国生产的瓷器才算正宗。这就像今天的中国人认为只有欧洲品牌的皮具才算高级货一样，尽管很多皮具都是在中国生产，再贴上欧洲的商标的。

第1章 奢侈简史
——一切奢侈品都是日用品

英国资产阶级革命后，确立了君主立宪政体，英国王室依然保留，贵族阶层依旧存在。但王室不再像以前那么风光，购买力也有所减弱。

这个时候，他们开始购买一些本国出产的瓷器。皇室之所以愿意用"国货"，都是冲着捡便宜去的，不愿给高价。

王室的人都是一帮难伺候的主儿，他们眼界高，挑剔。由于王室人数少，订单的量小，难以规模化生产。所以，英国的瓷器生产商都不愿接他们的订单。

■乔赛亚·威基伍德（1730—1795），被誉为"英国陶瓷之父"。大英百科全书对他的评价是："对陶瓷制造的卓越研究，对原料的深入探讨，对劳动力的合理安排，以及对商业组织的远见卓识，使他成为工业革命的伟大领袖之一。"

只有达尔文的外公乔赛亚·威基伍德愿意接受这种订单。但是，作为交换条件，王室特许乔赛亚大批量生产这种为王室定制的瓷器。皇室还特许他把"皇后御用（Queen's Ware）"的落款打在瓷器的底部。王室采购之后剩余的瓷器，可以向一般大众出售。

这等于王室免费为他做了权威背书。乔赛亚·威基伍德烧出这批瓷器，在向王室交货后，开始以超高价向公众出售。这个时候，他的产品遭到了疯抢。整个欧洲，不管是达官贵人，还是新富阶层，都以拥有一套英国王室御用的瓷器宴客为荣。

有了英国王室的代言，乔赛亚·威基伍德的生意蒸蒸日上。

现在，威基伍德的陶瓷，定价比很多中国产的瓷器还高，真是令人扼腕。

攀龙附凤

宫廷生活是俗世生活的最高境界。

宫廷是财富、权柄、荣誉的最高点，也是社会风尚的发源地和风向标。所以，读懂了宫廷文化对经济的影响，就抓住了奢侈品营销的关键。

现代意义上的奢侈品，兴起于15世纪末的欧洲宫廷。那时，有专门的服饰工匠为皇室与贵族服务。许多今天我们津津乐道的奢侈品牌，如路易·威登、爱马仕、卡地亚，都只是当年的卑微匠人的营生。它们因曾为王室提供服务而扬名立万。

在欧洲，伴随着工业革命，资产阶级兴起，原有等级结构难再维系，新兴资产阶级只要花钱就可以买到爵位。

这个时候，老贵族要强调他们昔日的荣耀，资产阶级新贵要证明自己配得上刚刚挤进去的那个上流社会，中产阶级则努力成为合格的绅士和淑女。财富新贵们的目标是被老贵族们接纳和认可，所以他们买到爵位的第一件事就是在穿戴用上向老贵族们看齐。于是，这些手工制品作坊，就成为了时尚产业的源头。原来为王室提供服务的工匠制作的服饰，成为了非富即贵的标志。

奢侈品运营的一个基本策略，就是攀龙附凤，把奢侈品与宫廷或大政治家建立某种情绪关联，进而对大众进行"情感刻印"。苏联在解体之前，国内存在着一个特权阶层。苏联解体后,路易·威登公司不失时机地经请戈尔巴乔夫为其产品代言。

奢侈品是一种外在的特权身份认证标志,奢侈品展现的是一种尊贵的社会地位和尽享奢华的生活方式。

一直到19世纪末,很多奢侈品依然是贵族与名门的专属。

甚至到了1957年,"现代时尚之父"克里斯丁·迪奥(Christian Dior)在接受媒体采访时,依然坚持认为,时尚奢侈品是特权阶层的最后避难所,"应该被小心翼翼地捍卫"。

登龙有术

胡萝卜怎么才能卖出人参价?

巩汉林、赵丽蓉的一则小品给出了答案:挖掘历史,美其名曰"宫廷胡萝卜"。

所谓的奢侈品,都有着一些或真或假的品牌传说,这些传说,大多附会于权力。

比如,巴宝莉(Burberry)的品牌故事,总是强调它曾经受到英国国王的喜爱。据说国王在穿巴宝莉的Gabardine大衣时,总是说:"把我的Burberrys拿过来。"

爱马仕这个品牌诞生于19世纪。爱马仕最初是一个家族作坊,以为王室生产鞍具起家,这点在爱马仕的LOGO上有所体现。

随着汽车工业的兴起，马车业逐渐衰退。爱马仕家族开始实施多元化战略，生产与旅行、运动相关的皮具。逐渐将马鞍袋的生产让位给了行李箱、钱包以及手提包。20世纪20年代，爱马仕推出了成衣、皮带腕表和皮手套等新产品。

20世纪50年代，爱马仕推出的一款坤包，被摩纳哥王妃格蕾丝·凯利（Grace Kelly）使用。这位王妃曾被摄影师拍下用这款爱马仕皮包遮挡因怀孕而微隆的小腹的照片。这组照片在杂志上刊登后，这款手包也因此掀起了时尚狂潮，被称为凯莉包。该事件强化了爱马仕的皇室御用品形象。现在，爱马仕已经成为法国高档箱具、服装、饰品的制造商的代表。

借尸还魂

20世纪60年代，西方爆发了"左派"思潮，"平等"成为主流价值观。奢侈品被很多人认为是一种腐朽的东西，这种区分富人与穷人的符号开始被消解。

今天风头很劲的几个奢侈品大牌，都曾经捱过一段灰暗岁月，甚至徘徊在倒闭的边缘。

三十年河东，三十年河西。

20世纪80年代，美国的精英制度进入全盛时期，随着新富阶层的崛起，"自由"的风头盖过了"平等"，代表昔日荣耀的奢侈品又卷土重来。

资本家从中窥见商机，收购、兼并了一批历史上曾经为王室加工服饰的手工作坊和家族企业。形成了以酩悦·轩尼诗—路易·威登集团（Louis Vuitton Moët Hennessy，以下简称为LVMH）为代表的奢侈品集团。所谓的"历史文化底蕴"是资本家收购它们的价值所在，欧美的奢侈品买家都是冲着这个昔日旧梦去的。

资本让这些老朽的品牌起死回生。20世纪60年代已经没落的宝玑（Breguet）表，在被斯沃琪（Swatch）集团收购后，开始控制高级机芯的供货渠道，大力发掘品牌历史——搬出拿破仑和丘吉尔，甚至以195万法郎购回了一只1808年生产的陀飞轮表，更不惜花巨额资金建立了一座宝玑表博物馆。

这样一番轰轰烈烈的品牌造神运动，最终使得宝玑表重树了奢侈品牌的形象。

通过现代化的营销、公关手段，原来的家庭作坊被整齐划一的专卖店所代替。一些复杂、难以记忆的品牌，也被简化为易于记忆和传播的名字，比如Burberrys被简写为Burberry，克里斯汀·迪奥（Christian Dior）简称为迪奥（Dior）。

在资本的加持下，在营销的推动下，原来奢侈品家庭作坊，迅速发展成为开遍全球各大都市的连锁店。

金权秩序下的精神鸦片

我们必须承认，奢侈品本身是中性的，有其积极的一面。

奢侈可以带来文明进步，奢侈品可以促进经济的发展。

然而，奢侈品这玩意儿又有它的副作用。

奢侈品曾经是特权贵族的专享，如今只要有钱就能实现这种"平等"。

鸦片这种东西，过去也曾是奢侈品，流行于宫廷，且美其名曰"福寿膏"。晚清鸦片的流行，与宫廷贵族"好这口"有很大的关系。作家老舍借小唐铁嘴之口，道出了这种心态："大英帝国的烟，日本的白面儿，两大强国侍候着我一个人，这福气还小吗？"

假如吸毒是特权阶层的专享，那么总会有人就算冒着杀头的风险也要去吸毒。

奢侈品是贩卖给大众的一种精神鸦片。

奢侈品消费，是一种怪诞的、非理性的消费行为。不同于大众消费，前者有着独特的营销手法。

理论上讲，人人生而平等。但在资本盛行的社会，这只是用金钱的不平等取代了出身的不平等。

在美国，就有九种阶层的划分：看不见的顶层、上层阶级、中上层阶级（此三种为上层），中产阶级、上层贫民、中层贫民、下层贫民（此四种为中层），赤贫阶级、看不见的底层（此两种为下层）。

中产阶级消费市场，需要更多奢华又便宜的物质产品。

钱确实是很民主的东西。一个人只要舍得花钱，就能获得某种层级的符号，就能够把自己的阶层伪装得比实际所处高一些。借助服饰、手提包之类的商品，最是立竿见影。

通过某种代表中产阶层的消费行为，能让人找到阶层认同的感觉。这些看似非理性的消费行为，已经成为如今中产阶级的一种认证仪式。

附庸风雅

奢侈品之所以成为奢侈品，还有一招就是附庸风雅。

封建时代已经一去不返，宫廷已经不是唯一的奢侈时尚发源地了。如今，各个领域都有影响力强大的"无冕的王者"。

政治家已经不是人们唯一的模仿对象。文化、体育、经济等领域都有精英翘楚，皆能引领风潮。

天青石是一种价格很便宜的矿石，原来每吨价格不超过1000元。而自从"歌坛天后"王菲被媒体拍到戴有天青石的手链后，这种矿石制作的手链立刻身价百倍。

奢侈品品牌"捆绑"超级巨星、大牌设计师、艺术界翘楚，其实还是为了"讲故事"，是一种公关手段。

一些品牌，比如范思哲（Versace）、香奈儿（Chanel）、马克·雅可布（Marc Jacobs），通过名人背书效应，成为了奢侈品品牌。一些奢侈品品牌的创始人，本身就是著名设计师，又有很多名人人脉，是很善于打名人牌的公关高手。比如香奈儿（CoCo Chanel，Chanel品牌的创办人）的朋友中就不乏毕加索等文化精英。

奢侈品运营商还会自诩为"文化和创意产业"。奢侈品运营商会延聘适当的设计师，用高雅艺术进行镀金。比如，LV聘请日本艺术家村上隆等艺术家设计产品。此外，LV还经常租用大型博物馆的场地，开办自己品牌冠名的奢侈品艺术展览。

奢侈品的主要运作方式为：发掘历史，追寻这种品牌昔日的荣耀；突出特质，寻找合适设计师；利用资本力量以及强势媒体，包装推广。用这种手法，LVMH奢侈品集团的掌门人阿诺特（Bernard Arnault）成功拯救了一批行将就木的奢侈品品牌。

从这个意义上讲，几乎所有品类的日用品都能通过攀龙附凤，或者附庸风雅打造成奢侈品。

比如，有一种品牌名叫Moleskine（鼹鼠皮）的笔记本，是笔记本中的爱马仕。一本小小的纯白笔记本，标价180元人民币。

它的卖点是反复给你讲同一个故事：两个世纪以来文森特·威廉·凡·高（Vincent Willem van Gogh）、巴勃罗·毕加索（Pablo Picasso）、欧内斯特·海明威（Ernest Miller Hemingway）及布鲁斯·查特文（Bruce Chatwin）等艺术家及思想家，都用这种笔记本。凡·高居住在巴黎期间，先后用过7本Moleskine笔记本，内里全部记载着手绘草图甚至完成作品，当中包括其著名作品 *Vase with Sixteen Sunflowers, Vase with Twelve Sunflowers*，手稿现收藏于荷兰阿姆斯特丹的凡·高博物馆内作展览。

20世纪80年代中期，这种袖珍笔记本变得愈来愈稀少，随后更是完全停产。事实上，这个追寻古老传奇的商标，只是米兰的一个小出版商于1997年注册的。

第2章 全球折叠
——比阶级固化更残酷的是极速分化

第 2 章　全球折叠
——比阶级固化更残酷的是极速分化

> 奢侈品是一种国际语言。
>
> ——约翰·兰彻斯特

> 我们生来就配备有一套用于争夺社会地位的神经系统。
>
> ——罗伯特·弗兰克

> 所有的动物都是平等的。不过，有些动物比其他动物更加平等。
>
> ——乔治·奥威尔

小孩子身上常常体现人类一种本能，就是对稀有物品的占有欲，比如抢着玩的玩具更有趣，抢着吃的食物更美味。

权谋大师马基雅维利有一句名言："短缺至关重要。"利用好短缺，就可以操纵很多事情。"稀缺"会激起人们的欲望，利用这种欲望，可以成功地操纵群众。

很多企业都深谙稀缺的秘密。它是大众消费市场的咽喉，握住了它，就能让大众顺从。

稀缺会激起人的占有欲

神经营销学家们曾做过这样一个实验。研究者召集了 20 名大学生,这些学生都是刚放学,还未吃饭。学生们被分为两组,其中一组品鉴 330 毫升的易拉罐装可口可乐,不用任何杯子、吸管,打开直接饮用,这一组不妨称为"易拉罐组";另一组则是喝 1250 毫升装的大瓶可口可乐,也是对着瓶子直接饮用,这一组我们称为"大瓶组"。

脑成像技术显示,易拉罐组的被试者对可乐的评价要远远高于大瓶组被试者的评价。

会不会是容器的不同,影响了可乐的口感?

研究进入第二阶段,也就是第二天放学后,还是这帮被试的大学生。这一次实验依然是喝可乐。不同的是,这一次大家要戴着眼罩进行品鉴。每人面前放了一个一次性纸杯。

昨天的"易拉罐组"的被试者,每人面前的纸杯斟满了大瓶装可口可乐。而昨天的"大瓶组"的被试者,每人面前的纸杯斟满了易拉罐装的可口可乐。

脑成像技术显示,两个组对可乐的评价,几乎完全一致。

这项研究证明,当物品存量由多变少时,它在人们心目中的价值会增加。

酒、茶、玉石都会因为产能的增加而变得不那么稀缺。如此一来,人们想了种种办法,尽量使它们保持稀缺的状态。

第 2 章 全球折叠
——比阶级固化更残酷的是极速分化

比如只有法国香槟省产的起泡酒才能叫香槟,福建的某几棵树产的茶叶才能叫大红袍。这其实有点儿难以服众。再如和田玉,产自和田的玉石几乎已经被挖光了,电视上叫卖的和田玉,真正产自和田的很少。但是,国家玉石鉴定机构按照成分鉴定真伪,产地实在难以鉴定。

有些稀缺是自然形成的,比如某些材料的稀缺,金银、宝石等即属这一类。

有些稀缺是由于历史原因而形成的,比如古董文物,历经兵燹、时间风化,存量稀少。

有些则是人为制造的稀缺,比如钻石。

下面的小故事就是一个很好的说明。

有一位画商,意外搜集到了某位古代画家的三幅真迹。

有位收藏家很喜欢这些画,前来询价。

画商开价总共300万元。

这个收藏家开始挑剔这些作品的瑕疵,以便砍价。

谁知,画商是个火爆脾气,二话不说,就点火把其中一幅画烧掉了。

收藏家异常吃惊,看着一幅好画被烧既惋惜又心痛。他说,就算这画有点瑕疵,你也不应该把画烧掉啊,世界上哪有完美无缺的作品呢?

收藏家问剩下的两幅画卖多少钱。

画商说，少于600万元不卖。

"什么？少了一幅画，还要多加300万元！"收藏家觉得有点不可思议。

收藏家说，还按300万卖吧，那张你烧掉的画我就不和你计较了。

谁知，这个古怪的画商又将其中一幅画烧掉了。

这一回，收藏家害怕了，只好乞求画商不要把最后一幅画烧掉，因为自己实在太爱这幅画了。

接着，他又问这最后一幅多少钱？想不到画商张口竟要1200万元。

收藏家真急了："一幅画怎么能超过三幅画的价钱呢？你这不是存心消遣我吗？"

画商回答："这三幅画出自名画家之手，本来有三幅的时候，还可以相对来说价值小点儿。如今，只剩下一幅了，这可以说是绝世珍宝，它的价值已经大大超过了三幅画都在的时候。因此，现在我告诉你，如果你真想要这幅画，最低要出价1200万元。"

收藏家一脸苦相，没办法，最后只好以1200万元买下了这最后一幅画。

这个故事，讲的正是稀缺性与价值的关系。

第 2 章　全球折叠
——比阶级固化更残酷的是极速分化

稀少的商品，能够启动顾客本能的占有欲。占有稀缺的东西，这是进化赋予了人类的一种本能。

稀缺能够创造一种心理价值，能带来疯狂，带来炫耀，带来传奇。创造稀缺性，是为了让人觉得拥有它，就是拥有一种珍宝。

当然，这仅仅是一种梦，消费者花高价买来的只是一种预期和幻觉，这是一种非理性并不真实的高品位消费行为。

如果一种服饰随处"撞衫"，就不算是奢侈品了。著名的设计师克里斯汀·迪奥认为，在这个强调规则、整齐划一的工业时代，时尚（奢华品）是人类保持个性和独一无二的最后庇护所。

所以，某种商品一旦限量供应，其本身也就具备了稀缺的属性，就会身价大涨。奢侈品集团会通过制作"限量版"或"特别版"，来制造一种"稀有"。甚至，他们会通过"限购"来加剧这种矛盾。

限量，才能令全世界奢华品爱好者为之迷狂。皮尔·卡丹（Pierre Cardin）不懂这个道理，把分店开得到处都是。一个原本高端的奢侈品牌，最后沦落成了大路货。

维持奢华印象

奢侈品行业，是 20 世纪崛起的一头幻兽。

奢侈品的 LOGO（标识），成为一种特权身份认证的标志。高价，是造成奢侈品幻觉的因素之一。人们迷恋奢侈品，是因为他们认为那代表着奢华阶层。但是，这更像是一个梦。

营销学中有所谓"印象管理"的说法，是指通过一定的营销方式影响消费者自我印象的形成过程。

某奢侈品公司在国内招女服务员，要求身高165厘米，皮肤白皙，英语过六级。转正后月薪8000元加提成，再加2000元车费。因为做这家奢侈品的服务员不可以坐公交车，要么自己开车，要么打车。这其实就是"印象管理"的一部分。这家奢侈品公司在营造一种高端、奢华的印象。

商家销售的不仅仅是商品（或服务），还包括顾客对商品（或服务）的全程体验。因此，营销中的"印象管理"就是要在消费者心中建立一种特定的情感体验。

在淡季，一些五星级酒店，宁愿实行"住一晚，送一晚"的暗降策略，也不敢明降打五折。虽然降低价格，可以增加销售额，赚取更多利润，但这就如杀鸡取卵，时间长了就会降低品牌价值。

奢侈品运营商的商铺专挑贵的地段。如果一家百货公司的租金不够贵，他们就撤出。

在奢侈品运营商看来，选择层次不够的百货公司，和降价一样，是一种自降身段的做法，都会损伤奢侈品的尊贵和神秘形象。所以，某些百货公司要给予这些所谓的国际大牌很大的优惠，它们才会入驻。而这些品牌的入驻，又提高了这些百货公司的形象，百货公司再转而与没那么强势的品牌签订一系列不平等条约。

第2章　全球折叠
——比阶级固化更残酷的是极速分化

如果大熊猫和野猪一样多

大熊猫至今仍是保护动物。

据说，现在的科技手段仍然无法解决大熊猫的繁殖问题。可是，我却希望这个问题最好别解决，因为若是解决了，大熊猫的地位就没那么高了。

铝，曾经是一种超级昂贵的金属，被称为银色的金子。英国皇家学会曾把一个铝杯赠给俄国化学家门捷列夫，以表示最高的敬意。法国国王曾经用铝制成酒杯招待客人，用以炫耀财富。但是，随着炼铝技术的进步，铝很快就沦为一种廉价的金属。

奢侈品的产销，犹如钞票的印发。

奢侈品如果能谨慎地出货，就会保持奢侈，但利润有限。大量出货，就如同货币超发，短时间内会赚得海量利润，但却面临着崩盘的结局。

随着技术的发展，钻石是否会重蹈铝的覆辙呢？

钻石过去只是奢侈品，现在则是婚礼必需品。

钻石其实并不永恒。几十万年后，它们就会自然风化成一撮粉末。

钻石其实也不稀有。一个圈内流传的说法是："地球上有多少粒大米，就有多少粒钻石。"

在一些出售钻石的网上店铺，同样大小、纯度的裸钻的价格甚至比柜台便宜40%，而且还保真。

人造钻石诞生于 1998 年，与真钻有着相似的硬度、密度和光泽。普通人是很难看出两者之间的区别的，甚至大多数当铺老板单凭一般的热传导测试都无法将两者区分开来。只有极少数的专家有可能发现人造钻石六角形晶体结构所带来的微妙的双折射。

现在，技术更加厉害，人工已经制造出了足以乱真的 CVD（Chemical Vapor Deposition，化学气相沉淀）钻石。

■法国国王路易十四（1638—1715），自封太阳王。路易十四曾经获得一颗大蓝钻，给它起名为"希望之星"。上所好之，下必效之。钻石自此成为奢侈品，开始流行起来。

大众之所以会觉得钻石比其他宝石稀有，是因为世界上多数钻石矿脉都被英美资源集团（Anglo American）垄断着。

这些被垄断的矿脉，大多并没有开采。英美资源集团控股的钻石开采公司戴比尔斯（De Beers）公司，拥有世界上绝大多数钻石矿脉的开采权，并且对一定时间内提供给市场的钻石数量加以限制，垄断着全世界的钻石生产。

戴比尔斯是全球最大的钻石商，自创立以来，戴比尔斯便成为钻石的代名词。其因对钻石的整个产销产业链进行人为控制，被认为是现代商业典型的卡特尔。

经济学家谢国忠这样说："除了钻石的戴比尔斯，世界上还没有哪一个

第 2 章　全球折叠
——比阶级固化更残酷的是极速分化

产业可以成功地实现垄断。"

英美资源集团创始人欧内斯特·奥本海默（Ernest Oppenheimer）有句名言："提升钻石价值的唯一方法就是使它们变得稀缺，即减少产量。"

美国司法部曾以垄断罪起诉戴比尔斯，最后不了了之。

较戴比尔斯钻石更著名的就是它那句不断重复的广告语：钻石恒久远，一颗永流传。

它通过营销攻势，赋予了钻石另一种含义，强化钻石与浪漫之间的情感关联，经过坚持不懈的宣传，钻石已经成为全世界婚礼的"标准配件"。

戴比尔斯垄断组织，是由英国商人塞西尔·罗德斯于1888年创立的。

当时，世界的钻石主要是由南非的矿山供给，然而，存在许多互相竞争的采矿公司。在19世纪80年代，罗德斯买下了这些矿山的绝大部分，并把它们合并为一个公司：戴比尔斯。到1989年，戴比尔斯控制了世界上几乎所有的钻石生产。

经过100多年的运作，这个控制钻石的跨国集团垄断了全球钻石产量的一大半，最高时达到80%，而其下属的中央销售组织是世界钻石毛坯的主要供应者。

20世纪50年代开始，它们还形成了单一渠道销售系统，使钻石原石成为具有高度垄断性的商品。这一系统对钻石原石从勘探、开采、分选评价、加工、钻石首饰设计制造以及销售等，实行统一的指导经营和管理。

由于这些机构组织的垄断控制，使钻石市场获得了良好的平衡发展，钻石价格平稳增长。而一旦市场出现动荡，如需求旺盛，价格上扬，它们就会生产更多的钻石来抑制价格；若需求疲软，价格下浮，它们又会减少钻石供应量，促使价格回升。

所以，许多年来钻石价格的上升幅度，一直维持在合理的水平里。

钻石垄断者通过故意囤货和钻石厂商不断重复的市场宣传，向大众灌输钻石稀有的信息。在这种现代宣传术的洗脑作用下，大众也就觉得钻石稀有了。

钻石的价格走势一路上扬，也让消费者感到钻石是能保值、增值的商品，招徕了众多的投资者。然而，钻石真的是牢靠的投资品吗？

1970年，英国一家奢侈品杂志的主编为了测试钻石的保值功能，购买了两颗1.5克拉的钻石，市价1000美元。1979年，这两颗钻石的价格翻了一番。然而，当他想要出售这两颗钻石时，却发现没有任何一家珠宝商愿意原价回购这些钻石。

钻石销售充满着暴利，批发价还不到零售价的一半。珠宝商回购钻石时的出价，往往不到批发价的70%。考虑到通胀因素，钻石的变现价格，仅有钻石购买价的1/3。

从长期来看，钻石的出货量必然会越来越多。一旦达到一个临界值，就会有很多的人开始出售自己手里的钻石,钻石的市场价格势必经历一场崩盘。

然而,奢侈品,成本不是唯一决定因素。

"凡客诚品"的老总陈年曾豪气干云地说,他如果收购了LV,他会把LV产品卖到和凡客的一个价。

如果真能收购了LV,我相信陈总完全可以把LV卖到和凡客一个价位,因为这没有任何难度。

就算地球上的钻石真的比大米还多,依然会有一些钻石卖到天价。这就取决于营销的策略。比如,玻璃很廉价,但施华洛世奇依然可以把玻璃卖到天价。

营销梦想,虏获金钱

奢侈品品牌虽然是一只会下金蛋的老母鸡,但能下的蛋也是有数的。等待是有成本的,资本需要兼顾眼前利益与长期利益。

奢侈品集团借用品牌的历史辉煌,贩卖给大众一个奢华的幻觉。奢侈品品牌的历史与文化背景,使得流水线生产产品也能卖出高价。

传统的奢侈品品牌,靠的是显赫的历史。比如王室专用,贵族专享。

但是,现在奢侈品面向的是大众市场。就像自由派经济学家宣扬的那样,钞票是最民主的东西,无论是谁,只要有钱都能购买和享用奢侈品。

被资本加持后的奢侈品,必须有自己的盈利时间表。于是矛盾就出现了:

奢侈品的量产和奢侈的稀缺本质相抵触。

在奢侈品"民主化"的旗号下，奢侈品产业已经彻底商业化了。奢侈品企业也由家族经营变为由资本家控制。过去要专门定制，需能工巧匠手工制作的少量物品，变成了流水线量产的商品。

向大众实行梦想营销的奢侈品集团为了利润，必须大批量生产。但同时，作为代价，奢侈品开始大幅降价，成为一个普通人越来越触手可及的梦。真可谓是"旧时王谢堂前燕，飞入寻常百姓家"。

很多奢侈品牌甚至会推出一些价格较低的产品，比如价格很"亲民"的T恤衫、尼龙包等，收入不是很高的普通人，也可以通过购买这些相对便宜的配件来暗示自己的品位和阶层，借此让普通大众们拥有小小的奢华梦。

奢侈品牌兼顾品牌价值与大众市场的另一个常用做法，就是延伸副牌。比如意大利奢侈品牌 Dolce & Gabbana 在 1994 年推出了副牌 D&G。副牌的价格比较"亲民"，加之奢侈品牌的锚定效应，为奢侈品集团带来了丰厚的商业价值。

但是，要是任何人只要花点儿钱就能拥有，就与奢侈品的本意背道而驰了。

一切奢侈品，终将沦为日用品

奢侈品会与很多负面词汇高度关联：炫富、腐败、贪婪、浪费、情妇……

第2章 全球折叠
——比阶级固化更残酷的是极速分化

但是,奢侈品本身其实是无罪的,甚至,它是有功的,我们应当给予奢侈品必要的尊重。

20世纪初,山西的一些富豪已经用上了发电机和电灯。大院里的太太小姐们,白天睡觉,晚上开着电灯熬夜。在绝大多数人还在用蜡烛的时代,大院里泻出的电灯光,真是羡煞旁人。

私家车曾经也是奢侈品,后来成为中产阶级家庭的标准配置,现在,连劳工阶层也能拥有自己的私家车。录像机、"大哥大"、便携式电脑、单反相机等"前奢侈品"也都有过同样的经历。

"人无我有"才叫奢侈。可是,俗话说得好,"人活一口气,佛争一炷香""你有,我也要有"。到最后,这就会变成"你有我有全都有"的局面。

比如,银制品,在欧洲曾被看作上流社会才能拥有的奢侈品。

五星级饭店、游艇也一度是只有富人才有能力享受的。

女人的爱马仕铂金包,男人的奔驰S级轿车,都被看作财富和地位的标志。

无论是银制品,铂金包,抑或是奔驰S级轿车,表达的都是同一个意思——我是有钱人。它们都属于凡勃伦理论中的炫耀性消费品。

奢侈品贩卖的不是奢华,而是一种标签,一种认证,一种安慰。

然而,随着工业生产力的发展,所谓奢侈消费品注定逐渐普及,不再是显示身份的象征。

大规模的量化生产,使得上层阶级和中产阶级都能拥有高档轿车和名牌手包,他们都开越野,乘飞机,坐游轮。表面上,两个群体享有的消费品不再完全隶属于两个世界。

经济发展史的一个规律就是，让一部分人先奢侈起来，然后带动更多的人奢侈起来，最后形成全民奢侈的局面。今天的奢侈品，可能就是明天的生活必需品。

当一种奢侈品沦为一种日常必需品的时候，精英阶层就会感到不安，他们会用新的手段来维护自己的优势。社会上层就要改变游戏规则，以进行阶层的区分。那个时候，人们又会追逐新的奢侈品了。

穷人是奢侈品的最大买主

从一个较长的时间段来看，穷人反倒是奢侈品的最大买主。

资本主义社会的理想蓝图是，中产阶级占了绝大多数，极度富裕和极度贫穷的都只有很少数，这也就是我们常说的纺锤形社会。但是，全世界正在面临的社会问题是，中产阶级逐渐消失，整个社会慢慢变为仅有两个群体——穷人和富人。

日本的"战略先生"大前研一在其所著的《M型社会》中指出：代表社会富裕与安定的中产阶级，如今正在快速消失。曾经让日本人引以为傲的"一亿中流"，也在瓦解。约有八成人的生活处于中下水准，M型社会由此形成。

财富分配的马太效应日益显现，在金钱的占有量问题上，原来的二八法则会进一步演变为"90/10法则"。

第2章 全球折叠
——比阶级固化更残酷的是极速分化

每一次经济震荡，都是财富兼并的过程。会有一小部分人发大财，另一些人则会"掉下来"。这种阶层的落差的痛苦，比原本就穷更让人难过。

大前研一指出，很多人自认是中产阶级人士，其实属于中低收入阶层。中低阶层时代已到来，八成人口属于中低收入阶层，他们普遍感到"供房"吃力，因为经济原因不敢轻易结婚、生子。

大前研一常说：你别再以为，只要咬牙忍一忍，好日子还会回来，你可能已经从中产阶级沦落到"新穷人"而不自知。

一些原来的中产阶级，无法接受自己已经沦为"新穷人"的现实，会尽量在消费上保持原有的体面。

越来越多的"新穷人"加入到金字塔底层，如果有商家提供给他们一些买得起的"奢侈品"品牌，"新穷人"们就可以产生自己仍然是中产阶级的幻觉。这种奢侈品就是"准奢侈品"，即只需花不太多的钱，就能获得"奢华"的体验。

奢侈品要维持等级尊严，就要有封闭性；资本要盈利，就要有开放性。资本如果不知克制，所有的奢侈品品牌最后都将会沦为大众品牌。但如果就这么一直"端着"，奢侈品品牌无法获得巨额利润。

长期来看，所有的奢侈品，终将成为日用品。所有的奢侈品牌，终将被透支、榨干。在这个过程中，它们会犹抱琵琶半遮面地暗自降价。在这个过程中，奢侈品牌会沦为"准奢侈品牌"，再进一步沦为大众品牌。

与其这样，还不如一开始就放低身段，在定价和量产上取得某种平衡。

西班牙服装公司ZARA的制胜武器是"蓝海战略"。将成本尽量花在消费者最关注的环节，对消费者不太注意的环节，则压缩成本。

我们以五颗星为满分，对ZARA的价值链进行评分：

卖场★★★★★　挑选顶级的商场，和顶级名牌毗邻，在那里购物，对"新穷人"来说，会产生身份地位上的幻觉。

潮流敏锐度★★★★★　关注米兰时装发布会出现的新亮点。通常需在发布的三个月之后，迪奥等大品牌的成衣才能在专卖店出现；而ZARA的成品，基本上不超过半个月，就已经登录各大卖场。

设计★★★★　ZARA的每个设计师都拥有很大的决策权，设计感比较突出。

品种★★★★★　高薪聘请200多名设计师，形成了丰富的风格和款式。

做工★★★☆　就产地和做工来说，属于西班牙手工原产。

价格★★☆　价位和Jack & Jones等大众品牌接近。

面料★★☆　ZARA选用的多是普通的棉、麻、绸等面料，用的是"刚刚好"的打法。

宣传☆　ZARA没有超模，没有形象代言人，只偶尔打几个促销广告。

靠着这些理念，ZARA迅速崛起。ZARA的老板奥特加（Amancio Ortega）在2015年成为欧洲的新首富。

第 2 章　全球折叠
——比阶级固化更残酷的是极速分化

面对大量涌现的追求时尚而又对价格敏感的"新穷人",若能提供时尚、体面而又实惠的商品,就可以抓住既讲究格调、身份,同时又对价格敏感的消费者。

能够赚到"大钱"的,必将是那些既能够迎合大众需求,缓解大众身份焦虑,又精通定价心理学的企业。

奢侈品营销的迷思

海鸥表在1955年制造出中国第一块手表,又研发了自主的陀飞轮技术。《2012中国奢侈品报告》显示,海鸥表上榜中国最具潜力十大奢侈品牌。但市场显示,海鸥推出的168万元奢侈表三年仅卖出两块。

如何打造奢侈品品牌?

是不是质量过硬、标个令人咂舌的高价,再坚持个几年,就能成为奢侈品了?

海鸥表有自主研发的顶尖的陀飞轮技术,但还是在市场受挫了。

是不是工艺精湛、设计美轮美奂就能成为奢侈品了?

显然不是,很多奢侈品谈不上有什么美感。很多同类产品往往是物美价廉,消费者凭什么偏偏认可你?

是不是"历史悠久"就可以成为奢侈品?

也未必。比如在烧酒中，杜康这个品牌，比茅台历史更悠久，也更有文化底蕴，但是，它的市场表现甚至不如20世纪80年代才诞生的"酒鬼"。阿玛尼（Armani）、范思哲之类品牌的创立，也都只是20世纪70年代的事。很多时候，所讲故事的年代太久远了，反而不好，因为"品牌内涵"不过就是几个来历不明的传说，而所谓的"历史沉淀"，不过是为了便于为品牌造势，太虚无缥缈了。

是不是选材考究，"真材实料"就能成为奢侈品了？

LV的手提包，不一定是真皮的。一个三流品牌的手表，就算是纯金镶钻，也难以卖出奢侈品名表的价格。可可·香奈儿是最先把塑料项链卖到同宝石一般价格的人，她讽刺那些质疑者：为什么要为钻石发昏呢？干脆在脖子上挂一张支票岂不是更好？

质量，价格，历史积淀，文化，还是材质？似乎是，又似乎不是。

奢侈品营销的关键在哪里呢？

奢侈的重点是"尊享"

我曾问一位朋友：你为什么会选择Prada手提包？

她说："这款包设计简洁大方，而且经久耐用，用了大半年了，依然崭新，没有一点磨损的迹象，不愧是大品牌。"

这种回答当然是"顾左右而言他"，说奢侈品有特别的美学价值、有文化内涵、质量过硬或者工艺精湛者，大多是自欺欺人。

前些年，媒体曝光的"表哥""表叔"特别多，戴昂贵的手表，一定不是只为了看时间，或者真的对手表的工艺美感有多么欣赏，而是在追逐一种"尊享"——尊者享用。

俄罗斯总统普京也喜欢名表，他右手戴表的习惯，甚至引领了俄罗斯的时尚。媒体曾报道过，普京至少拥有 11 块世界顶级名表。2009 年 8 月，普京在赫姆奇科河岸边度假时，将价值约 10500 美元的瑞士宝珀手表赠送给了一位牧羊人的儿子。没过几天，他在视察兵工厂时又将手上的宝珀手表送给一名索要纪念礼物的工人。此后，莫斯科销售的同款系列手表被抢购一空。

奥巴马总统也是一位"表叔"。奥巴马在做参议员的时候，一直钟情于瑞士豪雅手表。当上总统以后，行事变得低调，选择了一款 Jorg Gray 生产的 JG6500 手表。据说，这是他在 46 岁生日时，同僚送给他的生日礼物，价格大约是 350 美元。这款手表现在也成为很多人追逐的时尚。

试想一下：假设奥巴马佩戴的这款 JG6500 手表，厂家一夜之间将其定价提升 10 倍，会不会还有人买呢？

奢侈品的罩门在"公关"

奢侈品品牌的打造，关键在于"人"，而不是"物"；关键在于"公关"，而不是"营销"。

海鸥表要成为奢侈品，就要看天时、地利、人和，以及公关的决心。比较靠谱的，是"捆绑"一些明星、名流佩戴海鸥手表，或者让一些艺术巨匠参与设计，来提高身价。

有网友问我，为什么茅台不可复制？是不是酿酒的水质的原因？

当然不是，茅台的品牌故事，着力宣扬的是它曾被用来招待国际贵宾，所以，茅台对自己的品牌定位是"国酒"。泸州老窖敢卖高价，底气也在于把自己定位于"国窖"。

其实，茅台酒的水质并非不可超越，风味也未必就是最佳，但是它象征着招待用酒的最高规格。

点石成金

白玉曾经是中国历史上王室专用的宝石，但有很多中下层官员偷偷采掘，再加工成玉器。再后来，老百姓也去偷采，白玉从天子专用，先变为士大夫共享，到后来普通百姓也可以佩戴了。至此，白玉这种禁脔已经成了大路货。

早在战国时代就已经出现了"翡翠"一词，但它最初指的绝对不是缅甸产的这种绿色石头。

纪晓岚在《阅微草堂笔记》中说，在清朝乾隆之前，缅甸产的这种所谓的"翡翠"是非常廉价的东西，它只是一种普通石头。

清末，慈禧太后开始对翠绿的石头感兴趣。传说中，慈禧拥有一个翡翠西瓜，天然具有绿皮、红瓤、黑籽。但有专家认为，这样材质的石头绝不可能是缅甸翡翠。

但不管怎样，由于王官贵族的追捧，这种绿色石头立刻顶上了一种神奇的光环。

上行下效。慈禧对绿色石头的青睐，引领了一股追捧翡翠的热潮。也正是这时候，人们才开始炒作缅甸翡翠。从此，这种绿色石头身价暴涨。

2008年的北京奥运会，是空前隆重的国际盛典。这届奥运会采用了"昆仑玉"作为奥运会奖牌的镶玉。

在2008年之前，这种原名叫作青海软玉的石头，是当之无愧的"冷门货"。

最优质的青海软玉每公斤售价也不过几十元，到北京奥运会结束后，它的价格竟高达每公斤2万元。

奢侈，堵不如疏

很多现代人对奢侈的理解，不如古人深刻。

明代学者陆楫曾说过，"天地生财，止有此数，彼有所损，则此有所益。吾未见奢之足以贫天下也。"即，对个人和家庭而言，节俭是有利的；从社会角度看，奢侈也未必是有害的。

1714年，荷兰学者曼德维尔在出版的《蜜蜂的寓言——私人的恶德·公众的利益》一书中表达了同样的思想。

亚当·斯密（Adam Smith）曾谈论到，18世纪时，美国发生过一场如火如荼的抵制物质享受运动，几乎对新英格兰的经济发展造成了阻碍，因为即使是富裕的农民也不知道该把钱花在哪儿。

或许，虚荣心人人都有，"虚荣心"只是一种虚荣心对另一种虚荣心的蔑称。

尼采说过，只有当别人的虚荣心和我们的虚荣心相反时，才会令我们反感。

当我们禁止奢侈时，奢侈会以一种变种的形式出现。古希腊一度禁止任何形式的奢侈，而人们就在"吃上"做文章，虽然希腊临海，盛产海鱼，但那里的居民却争相高价购买稀有的鱼类。

对客观存在的人性，客观存在的经济规律不能将"堵"作为唯一手段，而应将"疏"作为常规手段。

新华社曾经发表过一篇名为《中国应赢回自己的消费者》的文章，文章指出2012年中国人消费了全球25%的奢侈品，高达3060亿元，但60%花到了国外。

国内外巨大的价差和商品多样性差异，是国人海外扫货的主因。面对一年数千亿元的零售业大蛋糕，中国不应再"望洋兴叹"，而应通过政府和市场的共同努力重新赢回自己的消费者。

第 2 章　全球折叠
——比阶级固化更残酷的是极速分化

阶层在极速分化

1899 年，美国经济学家凡勃伦（Thorstein B. Veblen）在《有闲阶级论》中提到，人们花大价钱购买华而不实的商品以显示自己的社会地位，他把这种现象称作"炫耀性消费"。100 多年后，炫耀性消费依然是一些当代资本主义国家的奇特世相。

行为经济学是近些年走进大众视野的一门学问。有学者认为，正是凡勃伦等经济学先驱的贡献，为现代行为经济学的创立铺平了道路。

由于凡勃伦对炫耀性消费的研究，还诞生了一个名词——凡勃伦商品，即价格上升，需求却不降反升的商品。

我原计划就这个话题给《商界评论》写一篇行为营销学的文章，话题所及，就先写在这本书里吧。

在写这一章的时候，美国主流的社交媒体上正在流传着一篇爆款文章，名叫《炫耀消费已死，低调消费当立》，作者为南加州大学公共政策教授伊丽莎白·霍尔基特。

该文主要是说，炫耀性消费过时了，现在上层阶级追逐的都是无形的东西。该文认为，炫耀性消费仍然是资本主义社会的重要部分，但奢侈品的门槛已经大大降低，普通大众也买得起名牌。精英更看重知识和文化资本，更倾向于把钱花在服务、保险和教育等领域。美国的精英阶层们已经不用奢侈品炫富了，他们有了更高级的方式。

为什么说这种"炫耀性消费"在美国社会趋于终结了呢？

一切要归因于工业化的大规模量产，使得原本一件难求的奢侈品成为了轻易可以获得的大路货。

这些奢侈品品牌商，通过生产外包，大批量生产出了所谓的奢侈品。这导致奢侈品随处可见。

如今，美国的精英阶层已经停止了普通中产正渐次加入的炫耀性消费行为，转而进行"文化资本"投入，在自己以及下一代周围构筑起一道无形之墙，以实现阶层的区隔。

2007年，进入美国社会前1%精英阶层的门槛是年收入约38万美元。而现在，需要年收入约60万美元方可晋身这个阶层。

于是，美国的精英阶层又想起新办法与大众做区隔。

比如把孩子送进私立学校。美国的私立小学的平均学费大约是每年1万美元，私立中学每年1.5万美元。这可比奢侈品包包贵多了。这种教育投资当然不是炫耀性消费，它是无形的，也是昂贵的、需要长期买单的消费。就算你愿意花钱为这种教育买单，也会感受到咄咄逼人的压力，有些学校甚至会将面试家长作为小孩入学的前提。

《商业内幕》（*Business Insider*）的数据显示，2007年到2017年这10年间，精英阶层的消费习惯发生了显著的变化，他们花费在物质上的钱明显减少，普通中产阶级保持稳定。

美国的精英阶层的教育开销占家庭年收入的6%，普通中产阶层的教育

第2章 全球折叠
——比阶级固化更残酷的是极速分化

开销则仅占家庭年收入的1%。自1996年起，前1%精英家庭的教育开销增加了3.5倍，而普通中产阶层没有变化。精英阶层比普通人有钱、有资源，而且更舍得在教育上投资。

美国精英阶级还会进行其他一些比较低调的消费，比如订阅《经济学人》杂志、母乳哺养、定期健身或者购买放养鸡蛋，这种鸡可以在广阔的牧场上自由活动，比普通的散养高出一级。

炫耀性消费以炫耀为目的，低调消费却能给子女提供更好的生活质量和社会流动性，把地位和特权一代代复制下去。

通过这种教育模式历练而成的个人优势，美国精英阶层们的地位得以巩固，从而封闭了其他阶层的上升通道。

这种阶层区隔非常微妙，两个人的穿着可能不相上下，甚至普通中产还会略高一筹，然而一开口说话，就会暴露自己的品位、背景，阶层区隔的尴尬就会随之而来。

普通人与精英，相差的不只是一个包、一辆车，抑或是一套房。无论精英阶层怎样刻意低调，事实上的阶层壁垒已经形成。

第3章 性感营销
——最老的诱饵与最新的困境

第 3 章 性感营销
——最老的诱饵与最新的困境

时尚,一切都是为了性。

——汤姆·福特

凡是美的东西,其终极目的皆在于对人类性欲的刺激。美的生物学目的就是刺激生殖。

——尼采

性,才是这个世界真正的世袭君主……当人们尽一切手段想要限制它、隐藏它,或者认为它是人生的副产品,甚至当作不足取的邪道时,它便冷冷地嘲笑他们的徒劳无功。

——叔本华

有这样一个小故事,行为经济学家曾设计了两种信函,来劝说银行的男性客户贷款。一种附有美女照片,一种没有美女照片,其余的完全一样。统计显示,附有美女照片信函所招揽的银行贷款量,比另一种多出两倍。

一个人需要多少贷款,怎样理财,应根据实际需求来计划。但在美女面前(尽管只是照片),男人的雄心、虚荣心、好胜心都被悄悄启动了。

作为一种由来已久的广告设计元素,"性卖点"几乎可以用于所有产品的宣传,从维多利亚的秘密(Victoria's Secret)的女士内衣,到 GoDaddy

这样的域名注册商，甚至是汉堡王这样的快餐连锁店。这些商家，都利用人性中隐秘的欲望来吸引用户付诸行动。

人本，就是直面人的本能

性，是人类最原始本能，也是最古老的诱饵。

性，催生了奢侈和时尚，奢侈和时尚又推动了资本主义经济的发展。

物种最基本的活动，就是繁殖。性被应用于营销中，是无可回避的事实。

孔子说，食色性也。这句话是以人为本的，它承认生存与繁衍是人的本能。

男性总喜欢在女性面前炫耀实力，以博得女性的青睐。这其实来自于人类繁衍、求偶的本能，这也有利于基因的延续与扩散。俗话说，男女搭配，干活不累，反映的也是这种心理动态。

什么是奢侈？奢侈就是任何超出必要开支的花费。

在女人面前，男人会变得奢侈。从进化心理学的角度看，男性的所有挥霍，在潜意识里通通是为了女人。希腊船王奥纳西斯（Onassis）就曾说："世界上要是没有女人，再多的钱也没有用！"

第3章 性感营销
——最老的诱饵与最新的困境

性诱惑与购买欲

"有异性，没人性"，这并不完全是一个笑谈。

这个星球上的谋杀案，绝大部分是由两个原因引起，一是因为钱，一是因为性。

实验显示，在一个男人面前展示一张性感的女人图片，他的消费欲望会明显上升。他必须买点什么才能缓和这种焦虑。

与没有印"辣妹"照片的同类商品相比，男性顾客更乐意掏钱购买那些包装上印"辣妹"照片的商品。看到身材性感的女性图片，男性会启动炫耀的本能，对价格也就更不在乎。

有一项国外的研究发现，当汽车广告中出现年轻漂亮的女模特时，男性会觉得这个广告中的汽车设计更好、速度更好，看上去更昂贵。但是，事后问及此事时，被试者拒绝承认广告中美女的出现影响了他们的判断。

哈佛大学教授穆拉内森是一位顶级行为经济学家，2003年，他主持了一个研究小组，做了一次极为大胆的实验。

他得到了南非某大型银行的许可，在垃圾贷款推销邮件上做了一点改动。

该银行提供的服务类似于美国的"发薪日贷款"——为信用等级不高的低收入工人提供短期高利贷。这家信贷机构给自己的老客户发了信件，提供高利贷服务。

穆拉内森小组测试了在邮件中附加照片的效果。他们从图库中找出有魅力的人像照片,放在信件的右下角,靠着签名。这含蓄地暗示,照片上的人是一名银行职员,说不定这封信就是他(她)写的。

有一半的照片是男性,另一半是女性。一部分客户收到的是同性的照片,另一部分客户收到的则是异性的照片。由于种族也是南非社会中非常重要的一个因素,所以他们也测试了这一点,他们用的照片里包括了黑人、白人、印度人和混血儿。

通过跟踪特定信件的反应,研究人员发现:性别是会产生影响的,种族则不然。更严格地说,性别效应明显存在于男性顾客中。

在高利贷邮件中,如果信件中有女性的照片,男性客户会更容易接受贷款。而对于女性客户来说,有没有照片,基本没有什么影响。

在致男性客户的信件中附加女性照片,由此带来的贷款申请量,跟将利率降低 4.5 个百分点所带来的申请量是一致的。须知这是每月 4.5% 的区别,一年就会超过 54% 了。

性·奢侈·资本主义

动物求偶都有一套仪式。

比如雄性海象会通过决斗,获得交配权;公孔雀会通过开屏,展示美丽的羽毛,获得母孔雀的爱情。

第3章 性感营销
——最老的诱饵与最新的困境

公狼会通过捕猎,向母狼表现自己的技巧和力量;会展示自己的领地和在群狼中的地位;将捕获到的食物拖到母狼面前,贿赂母狼。

人也一样。当一个男人看中一个女人时,他或多或少地会夸大其词,把自己说得精明能干或者大方慷慨,痴情绝对或者浪漫无比;会展示自己的财富或者事业;会赠送礼物,表明诚意。

在德国学者维尔纳·桑巴特(Werner Sombart)看来,如果一个地区的 GDP 发展了,性观念又恰好开放了,这个地区的奢侈现象就会变得特别突出。

不论是在大都市,还是在小城镇,"女人对物质有着无止境欲望,男人对女人有着无止境欲望,财富和自由满足了这样的欲望的实现,由此变成了奢侈。"

他认为,资本主义起源于奢侈消费。

随着中世纪宗教禁欲主义的消退,欧洲人的性观念越来越开放,导致了大量婚外情。到了 16 世纪,对于男人来说,勾引情妇成了一种勇敢的标志,如果不这样就会被人瞧不起。"因此,年轻男子急切渴求英勇的冒险,这种冒险与其说是出于生理需要,不如说是为了展现性能力。"社会上如此,贵族宫廷尤甚。大部分贵族都拥有情妇。贵族们不再为有私生子而感到难堪,反倒觉

■维尔纳·桑巴特(1863—1941),德国社会学家,思想家,经济学家。

得这是一件特有面子的事情。贵族们花在情人身上的钱，甚至超过了花在"正室"和自己身上的钱。

桑巴特认为，奢侈品风尚的形成，情妇居功至伟。因为"一切与时尚、奢侈、华丽、挥霍相关的怪诞念头，最先都是由情妇们在实践中尝试的"，当其中的一些风尚被试验成功后，"正室"们才开始跟进。

中国网曾经转载过的外媒（《赫芬顿邮报》(The Huffington Post)）的一篇题为《"二奶"与中国繁荣的奢侈品市场》的文章，说中国的奢侈品消费主要被商人们用来送礼，增进信任。另一个重要的购买动机是送给"二奶"，涉及的品牌也更加繁杂。

在桑巴特看来，工业并不是大都市繁荣的内在动力，浮夸、虚荣和奢侈，才是资本主义发展的原动力。比如五星级酒店、歌剧院的产生，再如各种美食的流行，都是女人的欲望主导的。如此会带来一系列产品的奢侈化，大到一栋房子，小到一根蜡烛，都要尽量奢华。

资本主义早期的大城市基本上都是消费型城市，比如巴黎、米兰、马德里，都是奢侈的榜样，也是今天的时尚之都。

CK，性感营销的特例

1968年，时装设计师卡尔文·克莱因（Calvin Klein）创造 Calvin Klein 品牌（以下简称CK）。CK是较早将性感与时尚相结合的一个品牌。

CK创立之初，就邀请性感女星波姬·小丝（Brooke Shields）代言，并拍摄广告。在该广告中，年仅 15 岁的波姬·小丝用魅惑的音调说："我和我的 CK 牛仔裤之间零距离。"

这句广告词其实是受香奈儿五号（Chanel No.5）的启发，当年，艳星玛丽莲·梦露（Marilyn Monroe）的一句"我睡觉时只穿几滴香奈儿五号"，将这款香水的销量推向了新高度。

这句广告词和梦露那句话一样，让人浮想联翩。或许，它旨在表现 CK 牛仔裤的柔软性和舒适性，但其传达出相当多的情色意味。这则广告之后，CK 牛仔裤的每月销量超过了 200 万条，CK 品牌由此迅速崛起。

CK 在尝到性感营销的甜头后，就在这条路上越走越远。到 1984 年，CK 邀请性感明星做广告的花费，已经达到每年 10 亿美金。这些富有煽动性的广告，激起了公愤，公司代言人波姬·小丝甚至遭到了部分主流媒体的封杀。然而，CK 的销量不降反升。

1995 年，CK 决定冒险一搏，进一步突破广告的尺度，推出了一系列接近于色情电影的电视广告。这种挑战公序良俗的行为，彻底激怒了美国公众。美国家庭联合会呼吁美国的各大零售商，不要再出售 CK 服饰。美国司法部也对 CK 进行了立案调查。

为此，CK 停播了广告，通过一系列的公关活动，进行了解释。而这一系列事件，简直给 CK 做了免费的广告。

当然，CK 至今仍然"死性不改"。甚至可以说，若是不再以性诱惑作为营销手法，那 CK 就不是 CK 了。

如今，CK 内衣和牛仔装的平面广告，依然充斥着暴露的少年、少女的年轻肉体。CK几乎成为性感营销的代名词。

尽管CK广告一再受到投诉并下架，但互联网的开放程度加上巨大的粉丝效应已经让该品牌轻而易举地吸收了大批流量。在所有玩性感营销的服装品牌中，CK似乎是个特例，其营收的增长相当一部分取决于线上以及海外市场的强劲势头，美国本土的销售则依旧不太理想。

性感营销只是噱头吗？

有营销专家认为，性感营销没有作用，理由通常有三：

1. 性感的画面，会"劫持"人们对广告中关键内容的关注。人们只关注火辣的画面了，反倒记不住你宣传的到底是什么。

2. 性感营销只是噱头，与其说是性感营销不如说是事件营销，是炒作话题。

3. 邀请性感的模特代言，难以激起普通人的购买欲，不如请普通人代言，更有说服力。

先做一个简单反驳，并在后面的文字进一步阐述。

第一，广告的关键内容会不会被注意到，取决于设计的广告是否够巧妙。就算注意力真的会被"劫持"一部分，但是，如果一则"被劫持"的广告有一千万人留意，另一则没有被"劫持"的广告只有一万人留意，那么哪个效果更强呢？

第二，为什么性感营销能够成为话题事件？这本身已经说明性感营销的效果是客观存在的。

第三，适合性感营销的产品广告，本质上都表达了消费者的一种"自我实现的预言"——我要通过这个产品，成为那个样子。比如护肤品、香水广告，请帅哥美女做代言，必然要好过请相貌平庸的人做代言。

镜像神经元与皮格马利翁效应

"自我实现的预言"又叫皮格马利翁效应（Pygmalion Effect）。皮格马利翁是古代塞浦路斯的王子，天生驼背，但他却发了宏愿，要成为俊美的王子。于是，他请工匠雕刻了一个身材挺拔、玉树临风的人形偶像。王子每天看这个偶像，潜移默化之下，几年过去，王子的身材也变得挺拔伟岸。

有网友总结，汽车广告的一般规律是：低价汽车广告，不外乎强调全家人坐在车上其乐融融的幸福；中高级轿车，不外乎风流倜傥的青年财俊，邂逅美女；而昂贵的越野车，则多是事业有成的壮年男子，驾车到无人区释放自我。

人自我实现预言，或者说"愿景"的这种心理机制，其实是一种名叫"镜像神经元"的神经细胞在起作用。

近年来，关于人类"镜像神经元"的研究，已经成为认知神经科学的一个热门课题。有些研究者认为，镜像神经元之于心理学，犹如DNA之于生物学。

正是镜像神经元驱使着我们去模仿别人。比如我们向婴儿笑,婴儿也会学着笑。人类看到鸟类筑巢,也仿造鸟类为自己筑巢。甚至模仿鸟类,造出了飞机。

有些小女孩五六岁就偷用妈妈的唇膏,这个年龄的小男孩也会模仿着爸爸抽烟。很多小女孩喜欢身材性感的芭比娃娃,是因为她希望自己长大后成为那个样子。

风尚是如何产生的

人类天生就是善于模仿的动物。从最简单的模仿如语言、走路,到复杂的设计、建设、音乐、艺术,都是模仿的结果。

心理学家威克通过大脑扫描技术发现,当被试者看到录像中的人物做出恶心、难受的表情时,他们的大脑皮层反应与自己闻到难闻的气味时是一样的。这种大脑皮层的反应集中在有镜像神经元分布的区域。

如果你身边东北朋友多,时间长了,你讲话也会有股东北味儿;看到悲剧,我们就黯然神伤,看到体育运动,我们充满了力量;看到别人打哈欠,你也不知不觉打了个哈欠;看到别人戴白色的耳机,你后来鬼使神差地也买了一副白色的耳机,等等。

镜像神经元还是一些高级心理活动的物质基础。

所谓的感同身受、代入感、同情心、心领神会、默契等，都是因为镜像神经元而产生的。

美国进化心理学家帕特丽夏·格力弗说："镜像神经元为文明的进步提供了强大的生物学基础。"

我们有模仿的本能，有随大流的本能。文化、风俗、风尚，都是拜镜像神经元所赐。

时尚的一般规律是，精英率先尝试，潮人跟进，接着是一般大众追随。

牛仔裤这种服装，在30年前的中国，它可能意味着叛逆、时髦、性感、前卫，甚至流氓。但在今天，它已经成为青年人的必备服装。

牛仔裤是一种适合用于性感营销的商品。当消费者看到模特性感的广告的时候，可能在一瞬间，镜像神经元闪过这样的冲动：我也要像他（她）那样性感。我们做出一个购买决策的平均时间为2.5秒。仅仅这一个冲动，就足以促使消费者拿出信用卡，买下那条牛仔裤。

汽车业的性感营销

汽车，是男人增强自己魅力的一种筹码。

国外有学者认为，家用小汽车的普及，其实与家用录像机的普及一样，也是性的驱动。

汽车+美女，已经成为了全球通行的汽车营销手法。每次汽车展销会，最引人争议的不是那些汽车，而是汽车旁边的那些性感车模。

所以，有人这样调侃："你去胸展看车了吗？"

将汽车与美女建立关联，是一种启动原始本能的营销手法。

虽然，在很多车展上，性感的车模"喧宾夺主"，分散了人们对汽车性能的关注。但也启动了很多男人"自我实现的预言"。

北野武曾导演过一部荒诞电影，讲的是一个男人为找对象而买了辆汽车。而当他开着车和女人搭讪时，却遭到拒绝，于是又觉得一定要更好的汽车才行。男人卖了爷爷的肝和肾，但还是买不到能泡到妞的车子……这是对现实世界的一个夸张讽刺。

美女香车，其实是在强化这一暗示："男人通过征服世界来征服女人"。男人的好胜心、购买欲会不可遏止地被激发出来。

性感营销的局限性

当汤姆·福特（Tom Ford）说出"时尚，一切都是为了性"这句惊世骇俗的格言时，其实也是在暗示，并不是所有的行业做性感营销都无往不利的。

时尚消费者，多是基于情绪做出决策。

比如维多利亚的秘密内衣广告，采用的是美艳的内衣模特儿，摆弄着性感姿态也是可以理解的。

成功时尚广告都要传达出一种情绪，自己的品牌主张，诸如：性感、叛逆、前卫、激情、奢华……所谓的时尚、奢华，基本上与**商品材质贵贱无**

关，只是在贩售一种情绪。

性感营销需要很高的技术门槛——你必须做得有趣、幽默甚至是优雅。在互联网普及的今天，关于性的资讯已经不是什么稀缺的东西，而是一种过剩的东西。这个人觉得有趣的，可能正是另一个人觉得恶心的。

维多利亚的秘密已经将性感营销提升了一个层次，比如它的平面广告风格，常常是介于性感与艺术之间。

可是，当性感往前跨越一步，就可能沦为色情。而色情会激起人的羞耻本能。无论东方还是西方，用"性"的手段来赢得商业利益或政治利益，都是主流价值观所不认可的。

马斯洛认为，人类的需要是分层次的，由低到高。它们是：生理需求、安全需求、社交需求、尊重需求、自我实现需求。

满足低层次需求的商品，也可以提升它的层次，穿越需求层次，直达消费者的精神需求。

我们将在第3章"品牌宗教"中探讨这个话题。

画虎不成反类犬

《花花公子》（*Playboy*）创刊号没敢标注日期，因为它的出版人休·赫夫纳（Hugh Hefner）担心这份杂志会没有销路，根本出不了第二期。

但赫夫纳的担心是多余的，这份杂志当月就销售了53991本。从1953年10月创刊起，成人杂志《花花公子》就开始盈利，至今盈利已超2亿美元。

但这家杂志正在努力"把脱掉的衣服穿回去"。

作家王朔曾经从他自己过去写的《玩的就是心跳》中摘了一些片段，想登在《花花公子》上，但是稿子后来被退了，理由是"太黄色"。他们可能忌讳里面出现的一些敏感的人物关系，这样他才知道《花花公子》这样的美国杂志，其实反映的是非常严肃的人的需要和欲望。

时尚集团的《男人装》杂志，是FHM（与PLAYBOY齐名的男性杂志）的中文版，它开宗明义就是要做"男人的真性情杂志"。

米开朗琪罗的大卫雕像虽是全身裸露，但却是伟大的艺术品。这令人很是困惑，如何区分情色与色情？

现在，很多汽车品牌都想打"性感营销"的擦边球，无奈真正能做好的，屈指可数。

适合的商品，加上恰当的性感营销手段，可谓锦上添花。可是，有些商品，或东施效颦，或过犹不及，在品牌维护上常常是"画虎不成反类犬"，把性感营销变成了低俗营销。这是需要慎之又慎的。

情色与色情，或许并无客观标准。前美国联邦最高法院大法官哈兰曾说："让这个人肉麻的，可能让另一个人觉得有趣。"

至于如何区分情色与色情。另一位前美国联邦最高法院大法官斯图尔特的名言或许可供参考：我不知道什么是色情，不过，"我看了之后，就能知道（I know it when I see it）"。

第3章 性感营销
——最老的诱饵与最新的困境

可口可乐变形记

不仅时尚、汽车等产业的营销与性相关，在一些更极端的人士看来，很多日常商品，也可以和性扯上关系。

1886年可口可乐诞生的时候，其瓶子的形状采用了直桶形。当时大多数零售商是将瓶装饮料放入装有冰水的大桶里销售。这种同其他饮料一样的玻璃瓶子，毫无新意和魅力可言。

1900年，可口可乐公司决定重新进行造型设计，但这一改进后的方案并不理想。

1913年，公司总部对瓶子设计提出了这样的要求：可口可乐的瓶型，必须做到即使是在黑暗中，仅凭手的触摸就可认出来；即使仅仅看到瓶的一个局部，也要让人马上知道这是可口可乐的瓶。

关于可口可乐瓶身的设计，有一个这样的逸闻。

20世纪初，美国妇女流行穿脚伴裙，这种裙子在膝盖附近稍微变细，穿上它可以显示女性腿臀部的曲线美，因此，脚伴裙成为当时很受美国妇女欢迎的时装。玻璃工人洛特在同女友约会时，女友穿着脚伴裙，楚楚动人。

约会结束后，他突发灵感，根据女友穿着这套裙子的形象设计出一个玻璃瓶。经过反复修改，瓶子设计得非常美观，像一位亭亭玉立的少女，洛特立即申请了专利。

当时，可口可乐正受到百事可乐的冲击，市场销量一直徘徊不前。可

■可口可乐玻璃瓶身设计的演进

口可乐的决策者坎德勒（Asa Candler）在市场上看到了洛特设计的玻璃瓶后，认为非常适合可口可乐，于是主动提出购买这种瓶子的专利使用权。

1923年，洛特把这项专利权以600万美元卖给可口可乐公司，一夜之间便成为富翁。

这种瓶子不仅美观，而且使用非常安全，易握不易滑落。由于瓶子的结构是中大下小，当它盛装可口可乐时，会让人感觉是分量很多。这种曲线瓶子给人以甜美、柔和、流畅、爽快的视觉和触觉享受。

采用这种曲线瓶子后，可口可乐的销量飞速增长，在两年的时间内，销量翻了一倍。

对可口可乐的成功来说，其配方已经不再像以往那么重要；而其包装设计的不断改进与变身，无疑起了更大作用。

工业设计师雷蒙德·洛伊（Raymond Fernand Loewy）对可口可乐窄裙瓶的设计非常推崇，他认为这种造型的瓶子"女人味十足"。现在，很多人会以"可乐瓶"来形容一位女性的曼妙身段。

可口可乐的瓶子造型已成为品牌资产的一部分，不但使消费者产生品牌识别，还给了人一种直观印象——它犹如一位有着曼妙曲线身材的美女，同时会快速启动消费者的愉悦本能，产生了巨大的营销效果。

第 3 章　性感营销
——最老的诱饵与最新的困境

成也性感，败也性感

依靠性感搏出位的年代里，一度崛起过众多性感品牌。

然而，当《花花公子》杂志都已经拼命给自己的模特穿上衣服，当"维密"、A&F 这些把性感营销玩得最溜的服装品牌都纷纷败退的时候，性感营销是否已经黔驴技穷？

2011 年，《花花公子》为了能够获准进入 Facebook、Instagram 和 Twitter 这些社交媒体平台，已经对部分内容进行了安全处理，因为这些媒体都是至关重要的流量来源。杂志的走向是更干净、更现代的风格。它的负责人解释道，当所有人都能在互联网上轻松找到全裸体的时候，花花公子就没有必要继续承担这项任务了，而可以把精力放在那些受众更广领域的内容上。

阿贝克隆比 & 费奇（Abercrombie & Fitch，简称 A&F）是一个靠性感营销博出位的美式服装品牌，曾经受到粉丝争先恐后的追逐。

过去，A&F 崇尚学院风，推崇舒适、自然、野性，有一点颓废不羁，是一家将性感营销推到极致的公司。

当你走进一家 A&F 店铺时，你会发现四面墙壁上都是穿着热裤、露出六块结实腹肌的男模的图片，说不定还能在店铺开业的时候遇到半裸的他们前来助兴。甚至店铺里售货员都很漂亮性感，公司相信"性感的人会吸引更多性感的人"。店长每周要花一天在本地院校搜寻长得好看的学生做店员，从兄弟会、姐妹会、运动社团开始，候选人要经总部审核。他们甚至不卖 XL 或 XXL 的大码女装，因为不做胖女人的生意。

可以说，它承载了 20 世纪 90 年代美国青少年关于"酷"的全部幻想。有些做法引起了父母们的抱怨，但少年们反而更爱买了。

性感营销策略只适用于对"性卖点"格外敏感的那部分人群。青春期的男孩子往往是这类广告的重点目标受众。他们有可能从中找到兴奋点，而其他人则不一定，说不定还会感到非常尴尬。

能够触发某些人消费行为动机的东西未必适用于另一些人。所以，你需要无比牢记自己的目标客户到底需要些什么。

出来混，终究要还的。A&F 这个品牌已经开始衰落。

到 2015 年，A&F 的同店销售连续 12 个季度出现下滑。A&F 这个成长迅速、坐拥庞大粉丝群体的品牌在连续遭遇盈利下滑之后，也不得不抛开过去赖以生存的营销伎俩。A&F 决定停止性感营销，进行一个大的品牌调性变革，开始注于产品、客户体验以及流行趋势本身。

也许，在移动互联时代，信息流通的壁垒被打破，性感这种东西不再那么"酷"，年轻消费者开始出现了审美疲劳。

A&F 的转变，并不代表性感营销的失灵。A&F 是一个严重依赖本土市场的品牌，当年的少年们长大了，但 A&F 并没有。所以，A&F 的当务之急是挽回当年的老客户，才有活下去的机会。

在其最近推出的广告里，所有模特裹得严严实实、笑容灿烂，惬意舒适的美国乡村公路、清新自然的湖边小屋，似乎都在向顾客传达"A&F 不再面向懵懂的青少年，未来会是一个更成熟化的品牌"。

有些人放弃了性感，有些人还在坚守。坚守者要在创新上下足了功夫。标榜"肥胖性感"的泰斯·霍丽迪（Tess Holliday），是曾登上意大利杂志 VOGUE 的超大码模特。她在社交媒体上成功吸睛并获得品牌代言，这恰好迎合年轻女性长期以来对于"纸片人"模特的反抗。以性感著称的内衣品牌"维多利亚的秘密"也推出"运动也可以性感"的运动内衣，代表着对"性感"这个概念的重新诠释。

泛性论是偏颇的

性是重要的，但泛性论是偏颇的。

泛性论，是一种过分强调性的重要性的理论。尼采曾说过："艺术家按其本质来说恐怕难免是好色之徒……一个人在艺术构思中消耗的力和一个人在性行为中消耗的力是同一种力。"在弗洛伊德的论著里，这种力叫作"力比多（libido，又译为原欲）"。

威尔逊·布赖恩·基既是一位心理学家，也是一位传媒专家。1969年的某一天，威尔逊在教授一堂媒体研究课时发现，《时尚先生》（Esquire）杂志中一篇文章和插图的有些地方很奇怪。

在一次采访的过程中，威尔逊讲述了自己留意到的东西以及这个发现所导致的结果："我正在讲课，介绍当今的一位反传统诗人。然后我看到了一张图片，我想画里的人就是他，一幅上下颠倒的他的画像。而且，他身后的书架上有一个勃起的生殖器被当成书立使用。我边绕着桌子踱步边说，我的老天！那个东西不应该在那里出现！然后我开始查阅资料，3个月内我的办公室里就堆起了一堆厚两英尺的资料。我得知他们是想把一些东西加入那幅画，然后我就发现了'性'的问题。"

后来，威尔逊不断"揭露了"嵌入在各种广告面中的描述性行为的信息，从一杯杜松子酒中的冰块，到童子军制服。他不仅在广告图片、油画、素描和美术设计中，也从电影和电影海报中找到了那些他称之为象征阳具崇拜的图像以及其他充满情绪的图像，例如头骨与魔鬼。他自信地宣称，商家这么做的目的是为了让人们购买他们不想要或是不需要的东西。

弗洛伊德认为，人类社会的发展与文化创造，全是性本能乔装打扮向外发泄的方式。弗洛伊德是泛性论的集大成者，他把性欲视为高于一切、决定一切的根本因素。

弗洛伊德的理论在早期更接近进化心理学，后来却偏向哲学，乃至越发主观，自我演绎，自成一家。性是生存与繁衍问题的其中一小块，用哲学手法推广"性"的含义，容易脱离事实。

性，已经不是人类唯一的驱动力。人类是一种很聪明的动物，已经不完全是基因的奴隶。人类的主要工作，已经不只是"大量复制自己的基因"。人类已经进化出"幸福"这种抽象的情绪。我们将在其他章继续探讨。

第4章 品牌宗教
——超级品牌摄魂术

第 4 章 品牌宗教
——超级品牌摄魂术

占领市场必先占领消费者的心灵。

——李奥·贝纳

人们买的不是东西,而是他们的期望。

——特德·莱维特

苹果的基因决定了只有技术是不够的。我们笃信,是科技与人文的联姻才能让我们的心灵唱歌。

——史蒂夫·乔布斯

让我们穿越时光之门,回到首次 iPod 发布会的现场。

乔布斯(Steve Jobs)从牛仔裤的口袋里拿出 iPod 说:"它的体积这么小,却可以装进 1000 首歌,能连续听 10 个小时。"想想吧,那是在 2001 年,乔布斯不但把人们的梦想讲了出来,还给人们带来了一件梦幻的产品。最关键的,他还丝毫未留下营销的痕迹。

史蒂夫·乔布斯致力于造出"完美之物",这种对完美近乎偏执的追求,为苹果创造了一个"疯狂又美好"的时代,也赢得了大批粉丝。

如果你觉得苹果的产品用起来很好,就会认同乔布斯的产品设计理念,甚至会爱屋及乌,认同他的品位、他的主张、他的价值观。

造出梦幻之物

如果这世界真的存在"拜物教",那么产品是"教主"和"信徒"之间连接情感的桥梁。

乔布斯坚信,要造出梦幻般的东西,而不是随随便便就拿出来东西,再扔给营销人员,让他们去卖力地营销,这样只会像"为猪擦口红"一样,毫无用处。乔布斯的秘密可不仅仅是营销,他对产品的控制也相当严格。

在物欲横流的世界,人们反而更需要情感的寄托。但是,多数人以朝圣的心态追寻的,不是圣徒的足迹,而是品牌拜物教——品牌创始人就是教主,品牌粉丝就是信徒,专卖店就是圣堂,品牌传说就是圣迹,品牌LOGO就是圣像。这听起来就像黑色幽默,但却是我们身处的现实。

苹果迄今只出过十几款手机而已,每年只推出1~2款手机,对手机公司来说,是再容易不过的事情了,绝大部分手机公司的推新速度都比苹果快。

但是做一款,其实比做多款更难。

一方面,你需要有超强的自信心,要相信你这一款产品能打遍天下无敌手。用全部的精力,把这款产品的整体和细节都打造到极致。

另一方面,你需要掀起一场革命。比如,乔布斯骨子里就是一个"文艺青年",但同时也是营销专家和"极客"的综合体。他要同时展现这三种特质,就需要一种"破坏式创新"或曰"颠覆式创新"。为了达到这种极致,不是仅靠"微创新"或者堆砌世界上最先进的零件就能成功的。如果仅仅靠"配置更高更便宜"这一招，那么一旦遇到性价比更高的产品，"信徒"就会立即倒戈。

从人类行为学的角度讲，需"少则得，多则惑"。普通人都有"选择恐惧症"，因为选择意味着取舍，意味着大量的脑力消耗。

一个经典的案例是，1997年，苹果公司陷入困境。苹果公司最多再撑三个月就要破产，公司董事会不得不把乔布斯请回去力挽狂澜。

乔布斯归来后，就给苹果的高层开会，告诉他们"决定不做什么跟决定做什么同样重要。对公司或产品来说都是这样。"

当时，苹果的产品线十分分散，很多产品在乔布斯眼里就是"狗屎"。

乔布斯以脾气暴躁著称，他在一次产品战略会发飙了："我应该让我的朋友们买我们的哪些产品？"乔布斯问了个简单的问题，但却得不到简单的答案。乔布斯说，我们只需要很少的产品种类。他开始砍掉不同型号的并行产品，很快就砍掉了70%的产品线。

但是，乔布斯依然嫌剩下的产品种类太多。在一次会议上，他在白板上把苹果的电脑产品划分为四格矩阵，分为消费级和专业级，台式和便携。乔布斯说："我们只需要专注于四种产品。"

通过精简产品线，在乔布斯回归苹果的第一年，就裁掉了3000多人。苹果当年就赢利3.09亿美金。

乔布斯在那段时间还颇为高调地砍掉了一个代号"牛顿（Apple Newton）"的掌上电脑项目。在一次媒体招待会上，乔布斯穿着他那一贯的服装，在讲台上踱步。他宣布，将砍掉旗下的牛顿牌掌上电脑，"我们将永远不会再有以牛顿命名的产品。"然后，戏剧性的一幕出现了，乔布斯突然把随身携带的一部"牛顿"扔到了舞台旁边的垃圾桶里。这种掌上电脑还带有一个手写笔，乔布斯说："上帝已经给了我们十支手写笔，我们不要再多发明一个了。"

会场上出现了一阵骚乱，有的"果粉"拿出自己的牛顿电脑，扔在地上，踩碎。有的则开始哭泣。砍掉牛顿项目后，乔布斯让这帮工程师去开发新的移动设备，这才有了 iPhone 和 iPad。

魅族手机的广告语是：执梦而行。魅族创始人黄章是做 MP3 播放机起家的。做 MP3 播放机时，他就制定了少而精的策略。从 2003 年到 2006 年，魅族只推出了屈指可数的几款产品，在几乎没有任何广告宣传的情况下，魅族就实现了称霸国产 MP3 市场的梦想。黄章本人说，不做出"梦想机"，自己不会罢休。

雷军也很推崇这种产品主张，他认为，极致，就是做到你能做的最好，就是做到别人达不到的高度。唯有专注，才能极致。

乔布斯在接受某杂志采访时的一段话，可以作为此节的结束语："我的个性与我的商人身份无关，虽说我承认这就是我所做的事。我认为自己是在建造清清白白的东西。我喜欢做干干净净的事，喜欢造对大家都有用的工具。我喜欢同最聪明的人一道工作，我喜欢在思想的王国里同大家互动，虽说不知怎的，有些观点不得不同物理现实挂钩。我最喜欢的事情之一就是把一个新主意扔给一批聪明而且有才干的人，并放手让他们自己去弄明白。我非常非常喜欢这样做。我有过许多女友，不过一生中最大的快感，就是在推出麦金塔（Macintosh）电脑产品那一天。"

制造神秘，超越预期

人们为苹果的发布会排起长队，究其原因，除了乔布斯那超级巨星般的个人魅力，更多的是因为他是一位表演艺术家，一个悬念制造者，一位播洒惊喜的大师。

科学研究表明，未知的好消息会点燃人们的渴望。

人们在期待奖励时，大脑中多巴胺的分泌量会急剧上升。奖励的变数越大，大脑分泌的这一神经介质就越丰富，人会因此进入一种专注状态。

人们认为乔布斯总有随时公布一些令人惊叹的东西的可能。在苹果产品发布的前几个月，他便将开始泄露一些信息。首先是一个提示，然后是传言，接着又有其他传言来反驳先前的传言。这些信息大多数都很不确定，但它驱使着人们为之疯狂地猜测。

这种未知惊喜的预期，会打乱大脑中负责理性与判断力的部分，而激活负责需要与欲望的部分，老虎机和彩票就是最典型的例子。

所以，乔布斯向世界展示iPhone之后好几个月，人们仍然会回味这件事，谈论这件事。在网上，经常会有人根据自己的假想构思各种版本的苹果手机，预期未来的产品。

乔布斯还有一个让人尖叫的口头禅："还有一件事。"

就在你以为新闻发布会快要接近尾声时，他会说，"哦，还有一件事。"然后再拿出一个惊艳全场的产品。

当人们都在猜测下一代 iPod 是什么样子的时候，乔布斯掏出了一只 iPhone。当大家都觉得发布会结束了，正要散场的时候，乔布斯又漫不经心地拿过来一个信封，从里面掏出一个 Macbook Air 超薄笔记本电脑。

在大多数厂商人员巴不得全世界都知道自家产品消息的年代，乔布斯的行为却恰恰相反。乔布斯最喜欢制造意外之喜。

他越是保持神秘，就越使人兴奋。

研究表明，意外之喜，能让大脑勃然兴奋。

研究人员用香蕉来喂一群猴子，并通过大脑扫描技术监测记录猴子的兴奋程度。

研究发现，与事先得到信号时的情景相比，没有任何预兆的情况下能得到香蕉猴子会更兴奋。猴子的多巴胺神经元兴奋得更持久，强度更高。也就是说，与已经熟悉的食物相比，多巴胺系统对新鲜事物的刺激更敏感。

预期管理，让"粉丝"成为布道者

乔布斯做过的最重要的事情可能就是，把客户变成热情倡导苹果品牌的布道者。每当新的 iPhone 上市时,我们都无法忽略那些彻夜在苹果店外排队的"粉丝"们,即使这款新"苹果"只是在以往的基础做出了一些小小的改进。

可以肯定的是,他们不是为了那部电话机等在那儿的。他们是站在那里表达自己对苹果的支持,就像球迷在钟爱的球队比赛前会身着球队的颜色一样。果粉们不认为自己是顾客,他们觉得自己是苹果的一部分,代表着一种使命。

世界上最动听的一句话,不是"我爱你",而是"你的癌症是误诊"。

魅族科技的创始人黄章是一个传奇式人物。据说他连高中都没有读完,但却一度做出了全球顶级配置的手机。

黄章常说:"让用户得到的超过预期值。"

魅族科技在三年时间内仅做出了两款手机,但这两款手机并非"完美之物"。接着,魅族推出了一系列补差价、旧机换新机活动,甚至免费换新机的政策。再如,在待机时长方面,其他厂商都标注最长时间,魅族却标注的是最短时间。超高的性价比,超出用户预期的优质售后服务,促成了用户口碑的形成。

从做 MP3 开始,黄章就开设了网站,j.wong 是其在论坛的注册 ID。黄章本意是通过互联网更近、更及时获得用户的反馈。几年间,黄章发布了数千篇帖子。

无心插柳柳成荫。由于黄章本人的活跃以及魅族产品口碑,魅族论坛的用户越来越多，截至 2015 年初，日活跃用户就已高达数万。

魅族不需要花重金进行广告宣传，就能获得最高效的广告。因为这些魅族的铁杆"粉丝"已经营造了魅族手机良好的口碑效应。

"粉丝"口碑营销的威力，到底有多大呢？如果每个"粉丝"能给企业带来两个新粉丝，那么其结果就会让人瞠目结舌。

打个简单的比方，一张纸，对折 43 次，它将变成多厚？

假设这张纸厚 0.00006m，$0.00006m \times 2^{43} \approx 5.3 \times 10^8 m$，而地球到月球的距离约为 $3.85 \times 10^8 m$。

据统计，一个忠诚的老顾客可以影响 25 个消费者，诱发 8 个潜在顾客产生购买动机，其中至少一个人会产生购买行为。铁杆粉丝还可以带动周边产品以及换代产品的销售。

所谓的"零缺陷"产品，实际上是个不可能存在的。但是，做出超出顾客预期的产品或服务，则要简单得多。维护好铁杆"粉丝"的关键在于给予他们超出预期的好处，让他受到了感动，并得到满足。

黄章说："有一分钱做一份事。我们的产品要用最好的元器件，这是不能变的；研发也要有大投入。广告现在不是时候。"

心灵，比"性"更有效的营销利器

研究者通过技术手段证实，人们对强势品牌有一种类似于宗教的情感。在这个信仰迷失的时代，品牌很容易引发狂热的情感。

第4章 品牌宗教
——超级品牌摄魂术

苹果是一个具有宗教特色的品牌，它坚持自己的价值主张和美学主张，将感官和心灵完美整合。

它的拥趸会通过购买这个品牌的产品，来获取身份认同感，这就像对宗教和球队的热情一样。

在《乔布斯的秘密日记》中，美国《财富》杂志记者丹尼尔·莱昂斯（Daniel lyons）讲过一则乔布斯在印度流浪时的段子。

■乔布斯纪念 Logo。乔布斯逝世后，全球果粉自发悼念他，网友将乔布斯肖像内嵌在苹果商标里，以示纪念。

古老东方的神秘禅师对乔布斯说："美国是靠商业发展起来的，这是美国的优势。有人想创造出一种具有宗教意义的商品，我并不知道如何实现这种想法，但这种想法必将实现。你的一只手是上帝，一只手是物质。不管是谁，只要能将两者结合，他便会变得无比强大。"

如果说视觉、听觉、嗅觉、味觉、触觉是人的五种感官，那么，心灵就是人的第六感觉。

如果说"性"是永恒有效的诱饵，那么，心灵将是比"性"更有效的营销利器。

世界上最古老的品牌才不过100多年。而那些强大的宗教，至少已有上千年的历史。

所以，企业需要向宗教借鉴，补上关于心灵和信仰的一课。

强势品牌的共同特质

作为作家的郭敬明,陷身于名誉的沼泽。但作为商人的郭敬明,对"粉丝"经济的参悟,比一般人要深刻很多。比如在郭敬明的某些作品里,渗透了诸多品牌的仰慕之情。对年少的读者来说,那是个美丽的幻象。

如何唤起消费者对产品的情感,将是未来营销学最热门的课题。

1. 愿景。强势品牌有自己的愿景。比如,苹果1982年的品牌愿景是:"人类是改变世界的力量。他们应当用创造力来驾驭系统与结构,而不是沦为它们的附庸。"

2. "粉丝"。强势品牌有自己的"粉丝"。它们都建立了一个充满归属感的社群。比如苹果的中国"粉丝"们自称为"果粉",狂热的"粉丝"是缔造品牌神话的关键因素。

3. 道场。强势品牌亦有宏大的建筑来昭示自己的品牌。比如苹果在北京、杭州等地均设立了超大型旗舰店。

4. 传奇。强势品牌会通过各种故事"附着"品牌精神。

5. 神秘。强势品牌会制造神秘感。苹果手机在正式发售前完全保密,但越遮遮掩掩,越能引发公众强烈的期待心理。新手机的配置、操作系统、价格都捂得密不透风。偶尔也会在上市几周前故意泄露一点。公众的胃口被吊得高高的,很多"果粉"都在发售当日排队抢购。

6. 崇拜。强势品牌往往都有一个魅力非凡、气场强大的领袖。比如苹果创始人乔布斯就有一种传说中的"现实扭曲力场"。当然,也有人将乔布斯的"现实扭曲力场"认作是一种洗脑能力,是一种"欺骗"。

7. 难得。物以稀为贵,稀缺至关重要。苹果会经常采用"饥饿营销"的策略来吊公众的胃口。难得的另一种办法就是高价壁垒。不是所有的都市女白领都能拿出几万元买一个 Chanel、Dior 或 LV 的手提包,但大部分都可以花 300 块选一支唇膏,或者花 2000 元拥有一个钱包,上面同样印有精致的LOGO,心灵一样可以得到抚慰。

强势品牌营销

雷军创办小米手机的时候,已经是亿万富翁。但他还是要放手一搏,"我输不起,不过,输了我就踏实了。"

作为一个比马化腾、李彦宏资格都要老的互联网老兵,雷军的内心是不服输的。很多时候,个人事业的计分板,未必就真的能反映一个人的能力,通常是时也,势也,运也。

移动互联时代,雷军已经不能错失机遇。雷军要用最先进的打法突围,他要师法乔布斯,践行强势品牌的理念。

雷军同样认为,降低消费者预期至关重要。所以,小米前期的准备工作非常低调。

从雷军身上还是可以看到一些乔布斯的影子的,尽管学得并不彻底。比如,我问你:苹果手机的缔造者是谁?乔布斯!但你知道谁缔造了诺基亚、摩托罗拉吗？不管怎么说，至少在中国，很多人都知道小米手机的缔造者叫雷军。这个名叫雷军的商人，靠个人英雄主义，在信仰匮乏的时代标榜发烧友精神。再如，苹果的新产品发布会都像是集会。同样，在小米2的发布会现场，雷军每讲完一段，场下就有一阵欢呼。

小米也借鉴了苹果和魅族的产品策略。雷军说："传统厂商每卖出一部手机，基本算是生意的结束，而小米每卖出一部手机，只是一个生意的开始——先用手机把用户吸引过来好好伺候成'米粉'，再通过其他途径赚钱，毕竟，'粉丝'的钱比用户的钱好赚。一切以'米粉'为中心，其他一切纷至沓来。不要在乎现在得到了什么，只要在不怎么赔钱的情况下把用户当'爷'一样伺候好了，'爷'最后怎么会不给你点儿钱呢？"

不同于苹果的是，小米也更注重成本的控制。

小米有一个大约20人的微博核心团队，负责微博营销。此外小米还组织了400名非外包的技术人员和售后服务人员，在网上回答问题并与网友进行互动。雷军本人也亲自上阵写微博，每天更新。通过这种低成本却高效的营销手段，小米初具口碑效应。通过"玩"微博，小米第一年就在网上卖掉了几百万台手机。

微博营销加上其他广告，小米一年下来的营销预算费用只有1000万元。相对于其他品牌每年十多亿元的广告费用，小米的营销堪称"零成本"。

这就是说，强势品牌营销并不是靠烧钱就能玩转的。小米手机是一种新型的营销打法。

2012年6月小米新一轮融资时估值达40亿美元，远超同类型硬件公司。

此时的小米手机公司，才仅仅经营两年。连欧美的投资大鳄都向雷军取经，这种打法确实彪悍。通过营销和资本运作壮大企业，这也是小米和魅族的区别所在。与其说小米是一家科技公司，不如说是一家强势品牌营销公司。

可以说，人类已经进入"粉丝经济"时代。一个品牌哪怕只拥有十万名忠实"粉丝"，每名忠实"粉丝"每年为企业贡献100元净利润，那每年也可获利1000万。而这十万名忠实"粉丝"还会通过口碑营销，再制造出更多的"粉丝"。

第5章 超级故事
——心灵密钥与品牌叙事

第5章　超级故事
——心灵密钥与品牌叙事

奢侈品就是故事。

——文森特·巴斯蒂安

讲故事，是一种基本的思维手段，它决定推理能力。它是展望未来、预测、计划、解释的主要方式。

——马克·特纳

经典故事要么以遗忘的方式为我们的想象力打下印记，要么乔装成个人或集体的无意识隐藏在深层记忆中。

——伊塔洛·卡尔维诺

在远古，如果想娱乐一下，除了围着篝火跳舞，讲故事大概是最常用的方式。

古代的圣哲在创立教派的时候，并没有宣扬什么高深的理论，却非常善于打比喻、讲故事，让一个人即使大字不识也能听懂，并能将圣哲的思想口口相传。在识字率不高的古代，故事本身就是最好的媒体。

每一种强势的品牌都和强大的宗教一样，总离不开经典故事，这些故事以生动的形式承载着愿景、信念和价值观，口口相传。

屠龙者

乔布斯曾说过,"我听过最好的故事——公主死了,屠龙的少年还在燃烧。"他真正希望传达的,是一个屠龙者的故事,他给自己的"人设",就是屠龙者。

乔布斯在20来岁时就曾梦想击败日本的消费性电子产品巨头索尼,让苹果成为和索尼一样家喻户晓的品牌。

1983年,IBM个人电脑崛起,迅速占领市场,如日中天。

这为计划于1984年1月发布的麦金塔(Macintosh)电脑带来了极大压力。乔布斯需要以叛逆者的姿态,来传达一种IBM挑战者的品牌意象。

乔布斯计划为麦金塔电脑的发布会讲述一个精彩绝伦的故事。

乔布斯是一个天生的表演者,并且喜欢创造传奇。

乔布斯先委托广告公司策划了一个广告,广告策划利用乔治·奥威尔(George Orwell)小说中的经典桥段"凭什么1984不会成为1984",编写了一个60秒的广告脚本。

广告讲述了一个反叛的年轻女性从警察的追捕中逃脱,当独裁者老大哥在电视上进行蛊惑人心的讲话时,她抡起大锤砸向大屏幕。

为了拍这个广告片,乔布斯雇佣了《银翼杀手》的导演雷德利·斯科特(Ridley Scott),花费了90万美元创作了这个60秒的广告。

当乔布斯第一次得意地在董事会里展示《1984》广告样片的时候,投资

第 5 章　超级故事
——心灵密钥与品牌叙事

人都认为这个广告太疯狂了。董事会不批准这段广告播出，他们认为这段故作神秘、卖弄意识形态的广告，极富攻击性。

然而，经过一番努力，这段广告还是在 1984 年 1 月 22 日"超级碗"大赛期间播出了一次，引发了美国全境对《1984》广告的大讨论。

广告播出之后，正在转播"超级碗"的哥伦比亚广播公司的热线电话都被打爆了。

随后，三大电视网和 50 多家地方电视台播出了讨论这个广告的新闻节目，一遍又一遍地免费重播整个片段，数百家纸媒进行了跟进报道。

《1984》广告片用极其叛逆的方式向全世界宣告：1984 年，改变人类命运的产品——苹果麦金塔电脑就要来了。

乔布斯终其一生，都是一位表演者、强迫者和自恋型人格障碍者。这种人格特质反而帮助他改变了世界。

这是一个故事中套着故事的品牌故事，也是一则奠定苹果超级品牌地位的超级故事。

认知语言学家马克·特纳（Mark Turner）认为："讲故事，是一种基本的思维手段，它决定推理能力。它是展望未来、预测、计划、解释等的主要方式。我们的大多数经历、知识和思想是以故事的方式组织的。"

超级故事的终极奥义就是：制造对立，故事才有冲突，才有张力。也就是说，在乔布斯讲述的品牌故事里，他都比附了一个强大的假想敌。最初的对手是 IBM，然后变成了微软，后来是谷歌。乔布斯讲给观众的故事内核是相同的：坏家伙想要统治世界，苹果要阻止这一切发生。

当别的公司还在为自己的品牌捕风捉影、挖掘故事的时候，乔布斯早已把自己的烙印熔入公司，书写传奇。

都市传说，与时俱进的品牌故事

相对于广告，人们很少会排斥故事。2015 年，脑神经科学家已经用信息图的形式证实，讲故事是提高用户参与度和说服用户的最有效的方法。

品牌缔造者，不仅要有深刻的理性思维，还要能像剧作家一样思考，向传统的说书艺人借鉴，知道如何构建故事，将品牌的情感内嵌在消费者的脑海。

1981 年的一天，英国演员简·柏金（Jane Birkin）在坐飞机的时候被碰翻了手袋，包里的东西瞬间散落一地。当时，坐在旁边的男人对她说："我觉得你应该换一个有内袋的包包。"她回复道："要是爱马仕出了这么一款包，我肯定会买的。"

谁能承想，这位男士就是当时爱马仕的董事长。当被问道这包该长什么样的时候，她就在呕吐物袋子上随手画了一幅草图。

后来她同意爱马仕将她的名字印在他们为她特别打造的手提包上。

这就是爱马仕所谓的铂金（Birkin）包的来历。

这是一个典型的都市传说，都市传说的特点就是与时俱进，它的背景、元素都和当前人们的生活场景高度一致。

到底什么是都市传说？

都市传说是指在都市间被广为流传的故事。

都市传说一般起源是真的，但经过传播慢慢走了样。因为每个人的世界观不同，理解能力和表述能力也有很大的差距，在传播过程中不可能像录音机一样，有些细节可能会被忘记，有些细节可能会由于记忆错误而有所偏差，最重要的一条原因是加入了传播者本人的理解和消化，再说给别人听的时候，原本的故事就变了一个版本，然后这个故事就离真实越来越远。

都市传说之所以广为流传，究其原因，一来是这些传说中时间、地点的细节及故事来源等信息颇具可靠性；二来是故事内容贴近生活，很能符合当代民众的阅读口味和审美旨趣。

什么？真实性真的经得起拷问吗？

在你做好梦的时候，你希望别人把你唤醒吗？

你见过几个孩子试图证明圣诞老公公是假的？

铂金包的品牌故事，为受众呈现了几个场景元素：时尚女艺人、高端商务客、邂逅、情有独钟。

故事令人神往、遐想，现代女人的白日梦元素都具备了。

真实性、逻辑性都不重要，场景元素才是最重要的，这些元素会在受众脑海里重新排列组合、发酵，孕育出新的白日梦。

讲故事是进行品牌传播的形式之一。一些聪明的品牌缔造者洞悉了这一玄机，非常善于借助经典故事或都市传说来缔造品牌。

神话、传说，不全是空穴来风

为什么几乎所有的民族都保留有大洪水的传说？

这种传说的真实性基本无从考据，但也可能并非空穴来风。它们很可能来自我们的集体无意识。心理学家认为，我们出生前都在母亲的子宫里，被羊水所包围。这种最深层的记忆，很可能是大洪水传说的根源。

大洪水的传说固然无稽，但并不影响它在全球范围的传播。

神话故事、传统传说究其深层本质来说，与都市传说有相通之妙，只是在表现与传播形式而言，更能呈现古老、神秘的形态。

比如大红袍这种茶叶，如果没有一系列的经典故事做支撑，它也只能算是一种普通的茶叶而已。但正是有了传统的经典故事，它才显得如此奢侈、神秘。

有一些品牌是依附着传说而创建的。比如起源于比利时的歌帝梵（Godiva）巧克力，就是以传说中的歌帝梵（Godiva）夫人的名字命名的。

传说中，歌帝梵夫人是爱德华王朝时考文垂市的总督莫西亚伯爵的妻子。当时，莫西亚伯爵正要谋划一场战争，所以急于征收重税。伯爵夫人同情百姓疾苦，多次向丈夫请求免税。伯爵认为，这些贱民不值得同情。于是，决心给她出个难题，说如果她肯裸体骑马绕城一圈，便答应免除税收。第二天，歌帝梵夫人竟真的全身赤裸骑在马上。消息传出，全城民众关门闭户以示尊重，所有街道空无一人，让她可以安然地骑着马从城市的一头走到另一头。最终伯爵信守诺言，免除了考文垂的重税。

几乎每个传说都经不起"真实性"的拷问，但这并不妨碍它们的传播。这就像是电视广告中设置的小创意，只有无聊的人才会在这个问题上纠缠。

故事是一种传达品牌意象的修辞格

姜尚堪称行为艺术的先驱。

心怀慈悲的隐士姜子牙先生，在渭水边用一把直钩钓鱼。就算是这样，仍然有虾这种无脑生物不断上钩，还要麻烦老先生将它们放生。

这种貌似愚蠢的行为，像长了脚一样很快被人传开了。有一天，他要钓的"大鱼"上钩了，他就是西伯侯姬昌。

这则故事包含一个隐喻：你的品牌故事，不要做成一把弯钩，试图去欺骗消费者，而是要做成一把直钩，只用来传达一种意念，把非目标客户屏蔽掉。

把梳子卖给和尚，把冰箱卖给爱斯基摩人是种愚蠢的行为。不要试图去抓住所有的客户，你只要抓住真正的客户即可。

品牌总是在讲故事。为什么每个小孩子都想要一双耐克鞋，因为耐克鞋就意味着能赢得一场比赛,你就会像姚明一样,很棒、很成功,会变得很有名。

每一种品牌都是一个故事,具有情感价值。人们选择喝某个品牌的啤酒,是因为这个品牌的啤酒对于他们有一种特定的意义,而不仅仅是它的味道。

在《MBA教不了的创富课》这本书里,作者讲过两个自己曾经听说的都市传说:

> 很久以前,我的一个上海朋友到我家暂住。他有一把我觉得挺好玩的维克多维诺斯瑞士军刀。
>
> 他就告诉我这叫"瑞士军刀"这还不足以让我记住。但接下来就难忘了,他说有架飞机坠毁了,一个乘客拿随身的瑞士军刀在飞机上刻出一小洞钻了出来。他刚出来,飞机就爆炸了。结果就他一人生还。
>
> 当时我也傻,我也小,那叫一个神往啊。后来,挣了钱就买了一把又一把。到现在都有很多把啦。我第一次认识路易·威登,也是因为上海那个朋友。他除了有那把瑞士军刀,还有个LV的小名片夹。他告诉我那个名片夹八百多元。我都傻啦,当年八百多对我来说可是巨款哪!这还不怎样,那家伙又告诉我,知道泰坦尼克吧?当时泰坦尼克沉船后过了许多年有人打捞捞上来一个旅行箱,

LV 的，一打开居然里面的衣服是干的，你说这 LV 什么质量！我一听又晕了，多年以后……不说了。这两个小故事当年对我的摧残好大啊，品牌如果只是砸硬广告就太没效率了。

小刀、箱子，都是普通得不能再普通的物品。

但这两个品牌故事有一个根本的诉求，就是"市场细分"。

这不是卖给穷人的小刀，也不是卖给普通人的箱子。因为他们的品牌故事设置，都强调了旅行这个场景。

为什么要强调旅行？因为旅行在过去是一种非常奢侈的行为。只有非常有钱的人才能进场旅行。你去看 LV 的广告，基本离不开旅行这个主题。

这两则都市传说，设置了夸张离奇的情节，便于人们谈论传播。而其真正要传达的，则是"旅行伴侣"这个意念。

品牌故事是一种"元叙述"

先说一个悖论：当你试图仿真时，你已经是在造假。

菲利普·科特勒曾对故事营销下过定义：是指通过讲述一个与品牌理念相契合的故事来吸引目标消费者的一种营销方法。一旦开始讲述，就难免失真。因为这是人类语言的天然局限。

毕加索曾言：伟大的艺术家从不抄袭，而是剽窃。

套用这句话，可以说：伟大的品牌从不费尽心机地编故事，而只是天马行空地捏造。

那些让人脑洞大开的品牌故事，简直就是直钩钓鱼嘛！

如果你写过小说，你就会明白，当你越是试图编一个滴水不漏的"真实"故事，你就越会漏洞百出。你所能做的只是以意驭文，而不是试图撒一个弥天大谎。

有人说：历史只有人名是真的，其他都是假的；小说除了人名是假的，其他都是真的。真作假时假亦真，假作真时真亦假。真与假只是一枚硬币的两面而已。

大师级的小说家，比如说卡尔维诺，从不妄图仿真，他们常常会在叙事的高峰时候突然蹦出来，插一句："看官"。把读者拉回现实中。现代人把这种叙事手法叫作"超小说"，也叫"元叙述"。

传统小说往往关心的是人物、事件，是作品所叙述的内容；而超小说则更关心作者本人是怎样写这部小说的，小说中往往喜欢声明作者是在虚构作品，喜欢告诉读者作者是在用什么手法虚构作品，更喜欢交代作者创作小说的一切相关过程。

品牌故事其实也是一种"元叙述"，是一种"超故事"，可以故意留下破绽，这样一来，就连智商如段子手的人也懒得和你较真了。

造梦者

哈根达斯，一听到这个品牌，你恐怕已经不自觉地将它和北欧风情建立了链接。因为哥本哈根是丹麦的首都啊。但其实这个品牌并不是来自欧洲，只是由两个合成的字所组成而已，甚至在北欧没有任何分店。哈根达斯这个品牌，是一个美国穷小子在20世纪90年代创立的。或许，安徒生、北欧、哥本哈根这些元素，就是这位创业者的梦想元素。

哈根达斯的品牌现由通用磨坊（General Mills）持有，雀巢公司于2002年收购了该品牌在美国的全部注册商标权。

在中国，哈根达斯通过独特的营销策略，树立了一种高端冰激凌品牌形象，甚至成为某种生活的标志，哪一个小资不知道它的大名呢？它用甜品＋北欧童话，造了一个梦，谁又忍心破坏这个梦呢？

Moleskine是一个高端笔记本品牌。这个品牌也是讲故事的高手。

Moleskine，直译过来就"鼹鼠皮"的意思，这本来是一个法国的笔记本品类，人们将这种绑着皮筋的小本子统一称为Moleskine。

19世纪后半叶，鼹鼠皮笔记本诞生在法国的家族经营小作坊里，可能是市场风尚的原因，到了20世纪中后期，生产这种笔记本的法国作坊越来越少，到后来，该手艺濒临失传。

1996年，来自意大利米兰的一位书商抢注了这个商标，并赋予这个品牌以高大上的内涵，让这款笔记本获得新生。其商业运作的关键在于软文中夸张离奇的品牌传说。

你在百度里输入"鼹鼠皮"，类似这样的文字会充斥整个屏幕——

"Moleskine 笔记本是两个世纪以来文森特·威廉·凡·高、巴布罗·毕加索、欧内斯特·海明威及布鲁斯·查特文等艺术家及思想家手中的传奇笔记本的继承者。"

"除凡·高外，美国小说家海明威及法国画家马蒂斯（Henri Matisse）亦同样是 Moleskine 的 fans（"粉丝"）。能够深得多位艺术家的欢心，证明 Moleskine 的确魅力非凡。"

出于对法律的敬畏，我不敢说这是软文。但它无疑有助于该品牌产品的销售。

通过微博、微信、网站、博客、BBS 社群及虚拟资料库等载体，关于 Moleskine 的类似传说铺天盖地。更绝的是，出版商出身的老板更懂得图书权威性。有一次我去店里买了个钱夹子，店员还向我推荐了一本书名叫《传奇笔记本 MOLESKINE：书写个性人生的 61 则手账活用术》，作者好像是几个日本人。

这些名人是不是真的喜欢用这种笔记本不重要，这里只是借用一个传播符号而已。凡·高是画家，路人皆知，尽管读者未必知道凡·高的画好在哪儿；谁都知道海明威是作家，尽管未必读过他的作品。

其实，海明威、凡·高在创作的盛年都生活拮据，即便他们买过 Moleskine 的本子，肯定也不是因为这个小本子价格昂贵，应该只是因为比较好用而已。但众所周知，现在的 Moleskine 采用的是无酸纸，用钢笔写字洇啊。而且，这种笔记本采用的是超高定价策略，价格是同类笔记本的 10

第 5 章　超级故事
——心灵密钥与品牌叙事

倍。

尽管很扯，但这是一个高明的营销策略。人们需要一个梦，在使用笔记本的时候，行为终极和文艺大师一样，才能思如泉涌。

与 Moleskine 类似的策略也被奢侈品牌万宝龙（Montblanc）用过。

1992 年，万宝龙推出了一款命名为"海明威"的钢笔，该款产品很快就受到了钢笔爱好者的追捧。最荒诞的是，欧内斯特·海明威生前从不用钢笔，他习惯于用铅笔写作。

然而，这种钢笔在市场上取得了极大的成功。如今，你要想买一支"海明威"钢笔，就算特价的也要万元以上。

自来水是一种非常廉价的日用品，酷乐仕（Glaceau）公司的 Smart Water 品牌维他命水则是一种高利润的名牌产品，每瓶 34 盎司，售价接近 2 美元。

这个牌子的水有一个非常特别的标语：它知道所有答案！Smart Water 这个名字听起来就像是来自法国阿尔卑斯山的益智魔法万能药，所以它可以卖得比同等体积的自来水贵 1000 倍。

实际上，酷乐仕只是一家韩国公司，Smart Water 只不过是自来水经过简单处理后，再加了些电解质合成的。

但乔布斯很喜欢这个水，这很可能是因为它瓶子的设计理念与乔布斯的美学标准契合。乔布斯平时就在苹果员工食堂吃饭，食堂里持续供应着新鲜的寿司和 Smart Water。

后来，可口可乐公司以 41 亿美元收购了该公司，Smart Water 在广告中就开始与近乎裸体的珍妮弗·安妮斯顿（Jennifer Aniston）为伴了。

于是这种装在漂亮瓶子里的日用品水，配上安妮斯顿的美貌和名气，就成就了一个利益丰厚的品牌。从品牌故事的技法上来讲，这只是一种"取其意而忘其形"超故事手法。

故事内核与集体无意识

太阳底下无新事。

这世界上的故事、小说、戏剧，其实都是新瓶装旧酒。比如金庸小说，有乔峰被马夫人陷害的桥段，其实就是武松杀嫂的翻版。这个故事内核叫作"妖女迷行，英雄怒杀"。

归纳起来，人世间故事的内核不会超过 108 种。我会在有空的时候，将这 108 种故事内核发布在我的公众号上。

然而，这 108 种最基本的故事，可以无限排列组合，衍生出无限精彩的复杂故事出来。

不同的品牌故事内核，会折射出相应的品牌意象，来迎合人们的集体无意识。

很多品牌故事，之所以被我们奉为经典，正是因为它们流传甚广，成就了一个品牌。

它们流传甚广，不仅仅是因为故事讲得好，更是一种文化的折射，这背后的心理学解释叫"集体无意识"。

集体无意识，是瑞士心理学家、分析心理学创始人荣格（Carl Gustav Jung）提出的分析心理学用语。所谓集体无意识，简单地说，就是一种代代相传的无数同类经验在某一种族全体成员心理上的沉淀物，之所以能代代相传，是因为有相应的社会结构作为这种集体无意识的支柱。

荣格认为"集体无意识"中积淀着的原始意象是艺术创作的源泉。一个象征性的作品，其根源只能在"集体无意识"领域中找到，它使人们看到或听到人类原始意识的原始意象或遥远回声，并形成顿悟，产生美感。

荣格认为，无意识有两个层次：个人无意识和集体无意识。对此，他也有一个形象的比喻："高出水面的一些小岛代表一些人的个体意识的觉醒部分；由于潮汐运动才露出来的水面下的陆地部分代表个体的个人无意识，所有的岛最终以为基地的海床就是集体无意识。"

传递品牌意象

1789年，正值法国大革命期间，雷瑟侯爵患上了肾结石。有一天，他取了一些花园泉水，饮用了一段时间，惊奇地发现自己的病竟奇迹般痊愈了。后来，拿破仑三世及其皇后也对该地的矿泉水情有独钟，1864年正式赐其名为依云镇。

这个故事的真实性其实也不太经得起推敲，但它所折射的品牌意象却很清晰：依云是贵族才能享受的矿泉水。

Zippo 也编过一系列品牌故事，比如越战期间为美国大兵安东尼挡住子弹救其性命。又比如靠 Zippo 的火焰发出求救信号，甚至用打火机可以煮熟一锅粥。这都是突出一个品牌意象：硬汉的随身工具。

让我们再来看看超级品牌王老吉的品牌意象

王泽邦，广东鹤山人，乳名阿吉，成年后人称吉叔，或王老吉。

王泽邦出生的时代是距今约 200 年的清朝道光年间，那个时候，人们是普遍早婚的。王泽邦十五岁的时候，就早早成家立业了。

有一年，广州城疫病蔓延，王泽邦偕同妻儿上山避疫。

极富戏剧性的是，王泽邦在避难过程中，于山野中遇一位白须方士，这位云游的世外高人告诉他一副可以对抗疾病的药方。

王泽邦获得药方后，就积极采购药材，认真炮制。

这个药方就是王老吉凉茶的原始配方。

王泽邦依照药方，熬煮药茶，同时将之免费派发给患病的人服用，据说喝后果然药到病除。

此后，王家自是开枝散叶，生意日渐兴隆。王泽邦共有三个儿子，长子贵成、次子贵祥、幼子贵发。1883 年，王泽邦去世，享寿 70 岁，葬于白云山大金钟地区。其临终安排，将凉茶业务交由三个儿子管理。

长子贵成一支留在大陆发展，次子贵祥一支去澳门发展。王泽邦的三儿子王贵发最富有开拓精神，1889 年，他带着大儿子王恒裕去了香港。

1897 年，王恒裕一支于香港文武庙直街（今荷李活道）设店，与广州王老吉分家,并将王老吉"杭线葫芦"的商标注册,成为第一个注册的华商商标。葫芦有"悬壶济世,普救众生"的寓意。

好了,故事讲到这里为止。

王老吉的品牌故事里有一个"内核",那就是:"巧遇白胡子老人"。

"白胡子老人"是一个带有典型的中国文化色彩的意念。它传达的是一种长寿、智慧、吉祥、否极泰来的意念。

这种故事充斥于中国的民间传说、武侠小说、传奇故事里,比如张良巧遇白胡子老人获得兵书。在昆汀(Quentin Tarantino)的电影或者日本的格斗游戏里,白胡子老人也都是绝世高手。

可以说:故事是表,文化是里。

第6章 大脑魔镜
——模仿、暗示以及情感印刻

第6章　大脑魔镜
——模仿、暗示以及情感印刻

赞扬比责备有更多的强加于人的成分。

——尼采

我们避而不谈的东西像极了我们自己。

——博尔赫斯

每个人对别人而言都是一块玻璃,映出所有过客的身影。

——查尔斯·霍顿·库利

你哭泣,身边的人会觉得伤心;你发怒,其他人也会跟着不开心。

你若鼓掌,其余的观众也会跟着鼓掌。

你若朝废弃建筑的窗子扔一块石头,几小时后,几乎所有的玻璃都被路人打破。

你打了个哈欠,其他人也会跟着打哈欠。

打哈欠是会传染的,笑声也是。因此,在肥皂剧中会用现场观众的笑声或后期加进去的"罐头笑声",让观众认为自己观看的内容真的很有趣。

我们是易被影响的物种

脑神经科学，也是开启理解人类行为的一把"钥匙"。

人类大脑里有一种被称为"镜像神经元"的神经细胞，激励我们的原始祖先逐步脱离猿类。它的功能是反映他人的行为，使得人们学会模仿，从简单模仿到更复杂的模仿，由此逐渐发展了语言、音乐、艺术、工具，等等。

镜像神经元是近来认知神经科学研究的热点。镜像神经元的发现一经公布，立即在全世界科学界引起了巨大反响。科研人员把这样一种具有特殊能力的神经元，称作"大脑魔镜"。有些研究者甚至大胆地断言：镜像神经元之于心理学，犹如 DNA 之于生物学。通过研究镜像神经元，可以揭示人类社交互动和模仿学习的奥秘，比如婴儿学习成人的表情就是因为有镜像神经元，而幼儿自闭症可能与镜像神经元功能失调有关，而刺激镜像神经元功能可能会有助于中风偏瘫病人恢复行动能力。

人类天生就爱模仿别人，广告商和营销人员早已熟知并且探究了我们的这一特性。说服消费者相信一件新产品是必买品的最有效手段，就是向他们证明已有很多人买了这件产品。

亚里士多德曾说过，"人是社会性动物"，关于镜像神经元的研究成果，充分印证了这句话，同时也充分解释了营销中的怪诞现象。意见领袖型消费者，马尔科姆·格拉德威尔（Malcolm Gladwell）称其为"引爆点"——是在产品获得巨大的商业成功之前出现的。

第6章 大脑魔镜
——模仿、暗示以及情感印刻

有同理心,才有互惠

镜像神经元这个概念,还有一层含义:他人和自我,是"一枚硬币的两面"。

通过模仿,我们可以了解别人,认识自己。这种感同身受的同理心,是一些最基本的社会行为的起点。

由于镜像神经元的作用,我们会产生同情心、同理心,会对别人的苦难和需求感同身受,我们就产生了互惠行为。

交换,其实最早是一种互惠关系。

据经济学家哈耶克(Friedrich August von Hayek)考证,最早的人类交换,是朋友之间才会发生的一种互惠行为。在甲骨文里,"朋"就是两串贝壳。

伊朗人付账很有意思。收钱的人经常客气地说:"这是送给你的礼物。"坚持不收钱,付账的人则硬要给钱,推让一番,才交钱交货。据说,曾有个美国人在伊朗买衣服,如此推让两个回合,他当了真,拿东西走人,20多分钟后,被警察逮住,当然是店家报的警。其实,在一些小城镇,也会出现买卖双方会为付账行为谦让一番的现象。有时卖方坚持不收,买方扔下钱就跑。这种淳朴的民风,反映了原始的交易形式,那就是互惠。其实,这种互惠还是一种强制性的"潜规则"——有恩不报接近偷窃。

虽说"在商言商",但商界的"老兵"都知道"先做朋友,后做生意"

的道理。这并不是一句客套话，而是我们经过漫长进化所形成的行为模式之一。所以，商人大多深谙人情，且不会轻易欠人人情。

不懂互惠，就无法达成合作。人类之所以能够成为人类，就是因为我们的祖先学会了分享、偿还，这些帮助原始人在险恶的生存环境生存了下来。

口碑营销也一样，如果商家给予顾客的商品，超出顾客的预期，那么顾客下次还会想起你，甚至把自己的购物体验，分享给身边的人。这其实也是一种互惠——我多给你点好处，你帮我做点广告。

社群认同，有样学样

所谓的"有样学样"就是：看别人正在做什么，然后做同样的事情。这种本能根植于我们大脑中，它源自一种与生俱来的社群认同，被他人接受，并被视为正常的需要。

从很小的时候开始，人们就会把自己定义为各类社会群体的一员。

起初，是我们的直系亲属组成的家庭，我们在那里习得了赢得关注与获得赞许的方法，例如微笑、大笑、流泪、发脾气。

随着我们逐渐长大，我们所属的社会群体扩展至老师和同学，工作中的雇主与同事，以及朋友与邻居。我们倾向于表现得和周围的人一样。

与他人同步，会让人感觉比独自行动时更加强大、勇敢与自信。应用这种模仿启发法可以减轻压力与焦虑。

我们之所以赶时髦，也是基于减压的需要。人们会因为感到安全而作出更大胆的决定,这就是在追求一种社群认同。

正是基于这种心理机制,部队训练新兵齐步前进,教会带领信众反复吟诵圣诗,消费者连夜排队购买某款手机。

在营销上,模仿启发法具有非常重要的现实意义。微博上的一些用户只是因为看到了某个好友的推荐就会去购买一件商品、阅读一本书、看一场电影,或为某个帖子点赞,然后更多的人就会紧随其后。

但是,这里面隐藏着一个问题。购买并使用那件产品的人肯定会被购买了相同产品的消费者视为同类,如果"非我族类"也在使用那件产品,其销量可能会受到影响。所以,商家有时也会采取措施来避免那些被视为异类的消费者接触到这些产品。

比如,某些奢侈品生产商会特意订制对蓝领工人的吸引力最低的广告内容,从遣词造句、图片风格、音乐风格等方面进行规避,以设法把他们的客户群体和蓝领工人群体区隔开来。

觥筹交错间,生意更易成交

为什么人们喜欢把工作和私人生活混在一起呢?为什么一边吃饭、一边谈生意往往更容易成交呢?

所谓的团队建设,很重要的一个内容就是一起吃饭。在原始社会,什么样的人才能够围坐在一起吃饭呢?当然是同一个部落里最亲近的人。

在吃饭时,人会获得一种本能的满足感。因为为身体补充能量是人的基本需求，当身体得到满足时，人的心理也会受到一定影响。所以人在吃饭的时候，情绪是最愉悦的，不会带着戒备和敌意。因此，在这时谈事情自然会事半功倍。

在中国人的传统里，谈生意仿佛与吃饭是紧密联系的，许多交易都是在双方酒足饭饱之后达成的。在日本，也有很多商人、政要喜欢选择吃饭的时候和对方谈事情，这就叫作"餐桌效应"。美国政客在募捐时，也会用到这一招。在绝大多数的捐款晚宴上，呼吁大家捐钱的演讲不会在宴会开始之前进行，而是在宴会当中或是宴会结束时。

为了证明用餐真的会对谈生意产生这种有效的影响，人们曾进行过多次实验：

> 研究人员让参与者评价不同的人或营销口号。在测试A组中，参与者边吃免费午餐边对相关对象进行评价。在测试B组中，评估则没有安排在用餐时进行。测试结果显示，边用餐边评估的一组中的参与者所持的态度总是更加积极。

合作，创造了人类

在进化史上，智人长久以来一直只是稳定位于食物链的中间位置，甚至在与尼安德特人的竞争中处于下风。智人与尼安德特人的第一次冲突，赢家还是尼安德特人。大约10万年前，有几群智人向北迁移到地中海东部，并

第6章 大脑魔镜
―― 模仿、暗示以及情感印刻

入侵了尼安德特人的领土，但没能攻下领地。

7万年前，智人开始认知革命，智人出现了新的思维方式和沟通方式，也就是能够"八卦"，这样他们就能进行大规模的合作，还能根据不断变化的需求迅速调整行为。

而尼安德特人并没有演化出这种能力，智人就可以通过大规模的合作将身体比自己更强大的尼安德特人击退，在约3万年前，尼安德特人灭绝。当然，可能还有其他导致尼安德特人灭绝的因素，但是智人逐渐变得强大或是尼安德特人灭绝的主因。

进化心理学认为，每个人都是自私的、自我的，但是，人类的自私并不是绝对的，人类也懂得互惠、合作。

那些在智人团体中不懂施予和偿还、感恩与分享的成员，会被孤立，独自走向蛮荒，越来越少。

当然，这样的人并未彻底灭绝，社会心理学家认为，我们身边存在着大约3%的反社会人格者，他们是天生的坏人，没有悲悯心，同情心。或许，人类中不懂互惠的基因终将绝迹。

投桃报李，人之本能

古龙曾说，一个爱笑的女孩，运气通常不会太差。

当一个陌生人向你发出一个微笑时，你会有什么反应？看到别人笑时，镜像神经元会驱使你不由自主地微笑起来。即使对方是一个完全陌生的人，如果他向我们表示友善，我们也会自觉地产生回馈的想法，这是我们的本能。

美国一位心理学教授，做过这样一个实验：

> 他和同事们在街头随机挑选出一群素不相识的路人，问他们要了通信方式，然后给他们分别寄去圣诞卡。
>
> 虽然这位教授在圣诞卡上都留下了回信地址，但并没有期望会有几个人回信给他，更没有提出希望收到回信的类似要求。
>
> 但结果让他大为感动，那些素昧平生的路人，在收到他的圣诞卡后，绝大部分都回赠了圣诞卡给他。
>
> 甚至，给他回寄贺卡的大部分人都没有想过要问这位教授到底是什么人。在这些人收到了一张贺卡的时候，就自动地回寄了一张。

在世界各国的文化里，感恩都是一种美德。

儒家讲究"以德报德"，基督教有专门的感恩节，伊斯兰教有定期的感恩祈祷。

江湖人士喜欢拜关二哥，因为关羽是"义气"的化身。江湖，是一个法律意识淡漠的"世界"。这里的社会规则，仍然是原始的互惠机制。所谓"义气"，不过是互惠的代名词。曹操曾经款待过关羽，所以关羽就在华容道私放了曹操。江湖义气就是情大于法，即受人滴水之恩，当以涌泉相报。

第6章 大脑魔镜
——模仿、暗示以及情感印刻

唐朝时,周边小国喜欢来长安进贡。当然,投桃报李,唐朝皇帝经常会赏赐给进贡者更多的礼物。同时,唐朝还规定,贡品过关免收关税,连同贡品一起运过来的商品关税减半。受利益驱动,当时的一些胡商竟胆敢假冒自己是使节,来唐朝行骗。

"互惠原理"不仅对陌生人有用,甚至对敌人也会产生作用。西奥蒂尼教授在《影响力》一书中引用了这样一个历史故事。

> 第一次世界大战中,德军司令部派了特种兵去抓俘虏回来审讯。
>
> 当时打的是阵地战,大队人马要想穿过两军对垒前沿的无人区,是十分困难的。但是要让一个士兵悄悄爬过去,溜进敌人的战壕,相对来说就比较容易。参战双方都有这方面的特种兵,经常被派去抓一个敌军的士兵,带回来审讯。
>
> 有一个德军特种兵以前曾多次成功地完成这样的任务,这次他又出发了。他很熟练地穿过两军之间的地域,出人意料地出现在敌军战壕中。
>
> 一个落单的士兵正在吃东西,毫无戒备,面对"天降奇兵",他吓傻了。
>
> 出于本能,他把一块面包递给了对面突然出现的敌人。这个动作愚蠢而又好笑,然而,这也许是他一生中做得最正确的一件事了。
>
> 这个举动打动了面前的这个德国特种兵,并致使他作出了奇特

的选择——没有俘虏这个敌军士兵，而是自己单独回去了。

免费的，才是最贵的

互惠的本能会驱使顾客做一些不太必要的购买决定。

我们会经常看到超市、商场的免费试吃（试用）活动。超市的一般做法就是将少量的商品提供给潜在的顾客，并且还说明这样做的目的是让他们看看自己到底喜不喜欢这个商品。从制造商的角度来说，让公众检验他们商品的质量当然是一个很合理的愿望。

在接过那个满面笑容的工作人员所递过来的免费品尝的食品后，互惠原理已经开始在很多人身上起作用了，即使这次不买，通常下次也会优先照顾这家的生意的。

类似的事情还有很多。

有些保险公司，会邀请你去五星级酒店免费吃饭。

某些公司为潜在的客户在谈判前提供高尔夫球友谊赛。

某些企业在接待客户考察时会将客户带到当时的风景名胜区观光。

某些供货商在为厂商供货时，额外送一些标准附件。

他们做的这一切都是免费的，并不对你提什么要求。但是，很久之后，你依然会记得他们的款待，在适当的时机，你会主动"偿还"的。

20世纪70年代，康奈尔大学的行为心理学教授丹尼斯·里根（Dennis

Regan），做过一个经典实验。

两个人被邀请参加一次艺术鉴赏评分活动，这两个人之中，有一个是教授的助手假扮的。在评分的休息时间，助手会出去了一会儿。

过了一会儿，助手带回了两瓶可乐，其中一瓶送给被测试的对象，一瓶给自己。

在艺术品评分结束后，助手和被测试者聊天，称自己在为学校销售彩票，每张 0.25 美元，如果他卖掉的彩票最多，就可以得到一笔奖金。

再问被测试者是否愿意买一些，多少都可以。

第二天，里根教授又邀请了另一位被测试者。这次情况有所不同，助手在活动中间没有赠与同行的被测试者任何东西。

在艺术品评分结束后，助手和被测试者聊天，称自己是在为学校销售彩票，每张 0.25 美元，如果他卖掉的彩票最多，就可以得到一笔奖金。

再问被测试者是否愿意买一些，多少都可以。

调查结果是两名被测试者都买了彩票，但中途获赠可乐的被测试者，购买彩票的数量是没有获赠可乐的人的两倍还多。

助手在销售彩票时并没有提到可乐，但是"互惠原理"已经在对方的头脑中产生了作用，他甘愿买下并不需要甚至根本没用的商品。

甜蜜的挟持，温柔的霸道

试想一下，你收到了一瓶厂家赠送的蜂蜜样品，即便你认为它的味道一般般，但对它的好感也会悄然上升，因为你还是感觉自己占了便宜。

这是人普遍存在的一种情感特征。

商家经常先付出一些试用品，让客户心理产生一种负债感，从而增加客户购买产品的可能性。这种销售策略就被称为"人质策略"，即软性地将客户从心理情感上套牢，然后再对其进行具体的产品推销。

互惠原理帮助人类进化成今天的样子，但也很容易被贾恩市义之徒利用，对人们进行"情感绑架"。

商家有意无意利用这点，无可厚非。但是，当你下次准备接受赠品，试吃、试用人家的商品之前，请务必慎重。正所谓"吃了人家的嘴软，拿了人家的手短"，这些试用品一定会触及你内心的柔软部分。

2010年，密歇根大学市场营销学教授斯考特·瑞克（Scott Rick）做了一个实验。他让被试者想象自己用50美元买了一杯水，通过核磁共振成像仪显示，吝啬的被试者比挥霍的被试者会感到更多痛苦。接着，瑞克教授让他们想象这水是送给别人的礼物。戏剧化的一幕出现了：吝啬者的痛苦则减小到了跟挥霍者差不多的水平，而挥霍者几乎没有变化。

也许，在吝啬者看来，自己喝掉这50美元的水，意味着真正的挥霍，但把这水作为礼物送出后，则意味着一种投资，还有回报的希望。

第6章 大脑魔镜
——模仿、暗示以及情感印刻

安利是一家众所周知的直销公司。这家公司探索出了一种客户推销绝活,就是"霸道的温柔"——安利通过免费试用策略,来启动顾客的互惠本能。

安利把销售员盛放试用品的特制箱子命名为"霸格"。安利的"霸格",里面装着安利的商品组合,如沐浴露、清洁剂、洗头水、喷雾式除臭剂、杀虫剂、玻璃清洁液,等等。

销售员们拎着这个箱子彬彬有礼地来到顾客的家里。

安利公司的培训师这样指导推销员:把"霸格"留在顾客家里24、48或72个小时,且不要收取任何费用,也可以不买任何产品,你只是告诉她你想让她试用这些商品……

谁会拒绝这个提议?没有人。

几天后,安利的推销员重新拜访这个客户。

由于用了人家的产品,在互惠心理的驱动下,试用者或多或少会买下一些产品。甚至那些暂时不考虑买的试用者,也会在和别人谈及安利产品的质量时说:"我试过,安利的产品质量还不错。"

没有哪个试用者能在几天内把"霸格"中的任何一种商品整瓶用完,安利的销售员就会把"霸格"中剩下的试用品拿给下一家或街对面的另一个潜在顾客,重新开始下一轮的推销过程。

安利公司的很多推销员都同时有好几个"霸格"在他们的销售区域内循环使用。

这种"霸道的温柔"策略一经推出,就取得了立竿见影的效果。美国某个州的销售部给出这样的反馈："简直令人匪夷所思！我们从来没有看到过这种疯狂的局面。产品销售的速度快得惊人，而我们才刚刚起步……本地的销售人员一开始使用'霸格'，销售量就有了惊人的增长。"

有些培训机构，为了吸引到客户，往往会在网上发布信息，诸如免费试听专家讲课、免费咨询学习方法等。这些看似不起眼的小广告，其实隐藏着类似的玄机。其中，一对一的咨询最为明显。

首先，咨询师往往以聊天的形式入题，帮你解答疑惑。然后会好心地为你的未来作规划。他们会告诉你，如果你具有了某种技能（该培训机构的培训科目），就等于为以后的发展安装了一架助推器。

而且，临近咨询结束，往往还会免费赠送你一套学习资料。

因此，当咨询师最后将报名表放在你面前时，只要经济条件允许，相信有很大的可能，下次你就要来上课了。但是，事后仔细想想，你之所以参加了这个培训班，在很大程度上是为了"还那位咨询师的人情"。

在这种情况下，咨询师很好地掌控了客户的这种心理。因此，在咨询的大部分时间里，咨询师貌似很少提到"培训报名"这回事，而是"设身处地"地为客户的将来做打算，最后还奉上"礼物"。

因此，这时在客户的心中就产生了一种受人恩惠的想法，从而下意识地认为自己有责任对其进行回报。所以，在最后填报名表时，即使参加这种培训对他本身是一件可有可无的事，但由于这种回报心理，很可能就答应了。

从运用"人质策略"的思维来看，在这时，前来参加咨询的人就充当了一把"人质"的角色。

同样，在销售产品时也一样。利用人们的这种受人恩惠或得到帮助就会不自觉地想要回报的想法，销售人员可以预先作出适量地付出，给客户的心理造成一定的压力，在这之后，销售人员就站在了更有利的地位，这样便能有效地提高成功推销的可能性。

便宜的礼品，也能收到神奇的效果

贿赂和礼物，往往很难界定。

这是因为，互惠原理作用强大，很轻的礼物也可能换来回报。

很多内科医生在给你开处方的时候，用的都是医药代表送给他的签字笔。那些看上去很廉价的笔上印有制药公司的商标。很多医生对此嗤之以鼻——谁可能会被一支笔、一个手提袋收买呢？

所以，如果有人用这些便宜货作为交换条件来收买医生，肯定是打错了算盘。但是，如果这些便宜的小玩意儿是完全无条件的赠品，它们就会发生奇妙的作用。

国外研究者还做过这样一个实验，他们以制药公司的名义，给一些医生寄过去一张调查问卷，作为报酬，在信封里还附送了100美元的支票。绝大多数医生看到这些信后，都把问卷和支票一起撕掉丢进了垃圾箱。

后来，研究者改变了策略，同样向一些医生寄送问卷，不过在信封里附送了一张5美元的现钞。这次，大部分医生都填写了问卷。因为，这些具备一定道德感的医生,不大可能将5美元现钞撕掉,在半推半就之间,他们就接受了这笔算不上贿赂的实惠。比起100美元,5美元并不多,但却发挥了比100美元更大的作用。

第7章 禁忌游戏
——顾客购买的深层动机

第7章 禁忌游戏
——顾客购买的深层动机

出租车司机不会去买专为出租车司机写的书。

——尼古拉斯·塔勒布

生活就是拼命做自己做不到的事,梦想成为自己做不成的人。

——威廉·哈兹利特

我很清楚自己投资在产品广告上的资金有一半是被浪费掉了,却不知道是哪一半。

——约翰·沃纳梅克

传统营销学和传统经济学一样,都容易走入"理性人"的误区。

其实,人们购买一样东西的动机往往是千奇百怪的。人们买一样东西的背后都各有一套自己的逻辑,而非营销人员想当然的逻辑。

正如"出租车司机不会去买专为出租车司机写的书",有时小孩子也不会去买专为小孩设计的玩具。比如芭比娃娃的前身是近似于成人用的充气娃娃;烟草公司的公益广告,有时会起到欲擒故纵的效果。

"错码"的鞋子和衣服,往往会给顾客带来不便,但这种不按国际标准生产的"虚荣尺码"产品,反而可能更畅销。

粘扣带的鞋子更方便,而且美观,但成年消费者却不大乐意穿。

人的购买动机千奇百怪，搞清楚消费者的逻辑，永远比一味营销更重要。

洞察顾客的购买动机，远比一厢情愿的市场细分更重要。

"阅后即焚"崛起之谜

Snapchat 是由埃文·斯皮格尔（Evan Spiegel）和鲍比·墨菲（Bobby Murphy）开发的一款"阅后即焚"照片分享应用程序，2011 年 9 月，该程序在斯皮格尔父亲的卧室里正式上线，当时，他们还只是斯坦福大学的两名在校生，并未引起任何媒体的关注。

两年后，该应用每天的照片流量就已多达 1.5 亿，因而被视为 Instagram 最强劲的竞争对手之一。

埃文·斯皮格尔和鲍比·墨菲最早在斯坦福大学产品设计的一个班级作业中提出该项目，2011 年 4 月由埃文·斯皮格尔在产品设计课上介绍了其最终方案的创意。

利用该应用程序，用户可以拍照、录制视频、添加文字和图画，并将它们发送到自己在该应用上的好友列表。其最主要的功能是所有照片都有一个 1~10 秒的生命期，用户拍完照片发送给好友后，这些照片会根据用户预先设定的时间按时自动销毁。而且，如果接收方在此期间试图进行截图的话，用户也将得到通知。

这种"阅后即焚"的功能为年轻人互相发送私密照片提供了安全平台，

也满足了那些想要发送商业机密或者敏感信息的用户的需要，因为这些信息不会在网上留下任何痕迹，相关人士也无处可查。因而，减少内容被永久性记录所产生的压力和紧张，成为该应用吸引用户的最重要的特点之一。

人为什么会赶时髦

人这一辈子，总有赶不完的时髦。有时候，回过头审视自己，会觉得挺可笑。可是，笑完了，还要接着赶下一波时髦。

中国人最早接触的奢侈品，可能是皮尔·卡丹或者是梦特娇（Montagut）之类的品牌。在20世纪90年代，一件梦特娇T恤，就要八九百元，在当时，这个价格相当于普通人几个月的工资。但现在谁还会追这种牌子的时髦呢？

我们为什么会这样赶时髦？

从社会心理学的角度讲，这是希望与群体保持一致，即合群。

有人问一位国际礼仪专家：穿衣金科玉律是什么？

这位专家就用简短的两个字回答：合群。

别人都西装革履，你穿长袍马褂就显得不合群。

但倘若在别人都T恤牛仔，你西装革履反而显得不合群。

从进化的角度看，我们害怕离群。在蛮荒时代，"随大流"即使是错的，也比一个人是正确的要划算。在漫长的进化过程中，人们只有融入集体，才能免于被野兽吃掉的命运。人类要生存，就要具有"群性"。

国外某个帮派的骨干曾在狱中回忆说："在帮派内部，最严厉刑罚不是被杀掉，而是被开除。"

可见，人们对于被孤立的恐惧，甚至超过了死亡。

在日本，至少有40%的人拥有一件LV的产品，在调查中，这些日本消费者号称，买奢侈品是因为其制作精良。诚然，奢侈品的价格如此高，质量上肯定过关，这是最基本的。而一些专家认为，这背后还有更深层的社会学因素。日本国民认为，日本是一个无阶级的社会，85%的日本人将自己定位于中产阶级。在日本，曾经有"一亿总中流"的说法。此外，日本人以全民一致为荣。从行为营销学的角度看，穿戴带商标的奢侈品，就如同给自己贴上了标签和认证标志，能够让自己融入社会，达到"合群"的社会要求。

从神经科学的角度来说，这是人类的镜像神经元在起作用，如果我们看到很多人都在穿戴同一种服饰，我们的镜像神经元就会有模仿的冲动。

贱人，止步

人们常说，人人生而平等。

这句话本身就反证了人世间是存在不平等的。

社会有阶层，阶层又有圈子，圈子还具有排他性。奢侈品其实是在贩卖一种等级身份，它越是势利，大众越是趋之若鹜。

不管一个人怎么自我调侃为"矮穷矬"，在心里还是会希望自己是以"高富帅"的形象出现。

骨子里，人们总是希望自己是拥有特权的少数人。

第7章 禁忌游戏
——顾客购买的深层动机

企业会根据人的这种本能,制定歧视性的用户政策,满足人们的特权欲,从中获得丰厚的利润。

航空公司会把机舱分为头等舱、公务舱和经济舱等。

腾讯QQ会根据用户在线时长,把用户划为不同等级,给予不同的特权。

移动通信公司,会根据用户入网时长,把用户分为不同的等级,给予不同的优惠。

史玉柱的征途游戏,将玩家分为"人民币玩家"和"穷玩家"。他说:"网游按时间点卡收费最严重的问题就是,无论是穷学生还是亿万富翁,在游戏消费时都是一样的——这在营销上是最忌讳的。"

如果没有法律强制规定,像LV这样的奢侈品专卖店一定不会明码标价。即便不得不明码标价,也会把价签以及价签上的字设计得尽量小一些。

为什么这么做?当然是没钱别问,非诚勿扰!

如果顾客对他们的产品感兴趣,忍不住询问了价格,店员非常礼貌地回答,顾客购买的可能性将会大增。因为人在那种情境下,会有各种各样的微妙心理,或惊喜、或感动、或得意、或赌气。这样,就等于把没有购买力的顾客屏蔽在外了!

除了把客户和非客户隔离开,奢侈品运营商还会把大客户和小客户相隔离。

比如，LVMH 集团会在有些国家设立私人俱乐部，只允许特定的富人加入，解决了消费者层级的问题。

社会中，到处都是势利眼和等级歧视，这种歧视由来已久。出人头地，就是我们的动力；享受特权，乃是我们的欲望。

魔鬼的"一打"

我一般穿 43 码的鞋子，但如果要穿阿迪达斯的运动鞋，要 44 码的才行。

这些鞋子多半是亚洲代工生产，却偏偏要用"法国的 44 号"尺码来标示，并且趋势有增无减。

据说，CK 牌内衣的尺寸都偏小，其实这是一种"虚荣尺码"。

一个平时穿中号内裤的男人，发现自己穿上 CK 牌大号内裤更贴身后，虚荣心会得到极大满足。

一个平时穿 B 罩杯文胸的女士，发现自己穿上 CK 牌的 C 罩杯文胸更合适后，自信心也会大增。

对于一些假设原本穿 XXL 号汗衫的肥胖人士来说，如果发现某品牌 L 号的居然也很合身，就会喜欢上这个品牌。这个品牌其实是在恭维他："你其实并不算很胖。"

这就是所谓的"虚荣尺码"。

一些商学院的研究显示，尺码设定的虚荣度与服装的价格呈正向关联。

价格越高,或是品牌定位越趋于个性化的服装,越会把尺码相应缩小。

英语文化有"面包师的一打"或"魔鬼的一打"的讲法,这两种"一打"都不是指12个,而是指13个,多出的那一个当然是为了多卖面包多赚钱。

基督教文化中,13是个邪恶的数字,可以指代蛊惑人心的魔鬼。"魔鬼的一打"可以解释为利用消费者心理弱点获取利润。

我们已经进入一个把尺码数字可以随意设定的年代。经验未必可靠,下次买衣服,务必要记得试试大小。

芭比娃娃是如何流行的

在芭比娃娃诞生之前,美国市场上给小女孩玩的玩具都是可爱的小天使,圆乎乎、胖乎乎的儿童形象,这是大人对孩子们玩具的想象与期待。

1958年,美泰玩具公司的创始人兼女设计师露丝·汉德勒(Ruth Mosko Handler)到欧洲出差。

在德国,露丝看到了一个叫"丽莉"的娃娃,丽莉十分漂亮,

■美泰公司出品的芭比娃娃,史上最广为人知及最畅销的玩偶,由露丝·汉德勒设计。

是照着《西德时报比尔德》中一个著名卡通形象制作的。其是用硬塑料制成的，高 18~30 厘米。她长长的头发扎成了马尾辫，身穿华丽的衣裙。身材无可挑剔，各种体征应有尽有，而且穿着非常"暴露"。

露丝敏锐地察觉到，小女孩也一定喜欢这种娃娃。回到美国后，露丝着手模仿丽莉娃娃，1959 年，制造出了芭比娃娃的样品。

芭比娃娃性感的造型震惊了许多母亲，因为之前美国市场上的娃娃是没有胸部的。

鉴于小孩子的监护人对芭比娃娃的态度，美泰公司聘请广告专家兼分析学家欧内斯特·迪克特去调查与分析女童以及她们父母对此的态度。

迪克特经过深入的调查发现：父母的反对，反而会让女童们对这种娃娃更加喜爱。

迪克特认为，芭比原型丽莉的衣着太暴露了，那只是满足成年男人性幻想的产物，并不适合给孩子们。完全"山寨"的路子行不通，美泰公司所需要做的，是在继续保持芭比娃娃的性感的同时，给芭比娃娃多穿一些衣服，以使父母们接受并出钱买下它。

第一批芭比娃娃投放市场后，遭到了玩具经销商的冷遇。没有经销商看好这种娃娃，他们认为少有孩子的父母会买这种性感娃娃。

但是，摆在经销商货架角落里的芭比受到了孩子们的热烈欢迎，越来越多的父母被小女孩拉着买这种玩具。仅第一年，就卖出了 35 万个芭比娃娃。

1960 年，经销商们完全改变了想法，大量向美泰公司订购芭比娃娃。

第 7 章 禁忌游戏
——顾客购买的深层动机

美泰公司又花了几年工夫提升产能,才满足了市场对芭比的需求。

搞定了小孩子,就等于搞定了大人

芭比娃娃的售出,是因为父母害怕孩子一直缠着他们,不胜其扰。

我曾经在电视上看到一家技校的招生广告,其中最诱人的一条宣传语是入学即送一台笔记本电脑。对于青少年来说,笔记本电脑简直是无法抗拒的诱惑——不用去网吧也可以打网游、看电影、聊 QQ……更何况,还有一个冠冕堂皇的理由:去学一技之长!

当这些小孩向爸妈要钱去读技校的时候,很少会有哪个父母向孩子说"不"。

广告专家甚至会向小孩做诸如汽车之类的广告,来让孩子们说服大人买他们的产品。比如,让小孩对越野车感兴趣,小孩就会在父母耳边念叨着希望有辆越野车。

美国一位儿童营销顾问认为,14 岁以下的孩子,几乎影响了一半的家庭购买决策,将近 70% 的家长表示,他们的孩子积极参与了购车决策。

在某家玩具店前,有位年轻貌美的女店员笑脸盈盈地观望店门口的顾客,她手里拿着五颜六色的气球,在翘首观望从店门口经过的路人。当她看到带着小孩子的父母,就会向小朋友送上气球,还会向顾客宣传进店就会获得"幸运奖品"。

小孩子没有严密的逻辑思维。纯真的天性会让小孩产生强烈的购买欲。只要进店,孩子就会被各种玩具所吸引。

而这时,在大多数情况下,由于刚刚当上爸妈,年轻的父母会格外宠爱自己的小孩,他们往往经不起小孩子的请求。

店家打出"幸运获赠奖品"的口号,是为了招徕更多的顾客。店家知道,只要搞定了小孩子,就等于搞定了他们的父母。

欲擒故纵的烟草公司

现在,我们再回过头来分析芭比娃娃这种商品如何被售出。

首先,使父母不喜欢这种商品,从而增强孩子们对这种商品的渴望。

接下来,孩子们不停地念叨,父母不胜其烦。

最后,父母强烈反对,镇压了孩子的无理要求;或者妥协,掏钱买下这些商品。

这个思路,其实也是很多顶级营销公司秘而不宣的营销手法。

菲利普·莫里斯公司(Philip Morris Companies Inc. 简称 PM)是当今世界上第一大烟草公司,总部设在美国纽约。

1998 年底,PM 公司耗费了上百万美元,做了一批针对未成年人的公益广告,宣传口号为:"多思考,别抽烟。"

其他不甘落后的烟草公司也推出了类似的广告，比如："如果你未成年，烟草就是一匹怪兽！"

这些广告看上去蛮"公益"，任何人也挑不出问题来。

没有调研数据显示这些广告之后，青少年吸烟的人数是下降了，还是上升了。

但是，正如我们前面所说的，越是难得之物，我们越是渴望拥有。这是进化赋予我们的本能之一。这种效应对小孩子来说尤其明显。

针对孩子的父母，PM公司的宣传口号为："交谈，他们就会聆听。"但是，青少年都是渴望独立的，很多时候，父母的简单禁止只会适得其反。

成人的逆反

地产商任志强曾说：限购政策会促进房价暴涨。

从逆反心理的角度来讲，这是有一定道理的。

不止是婴幼儿、青少年有逆反心理，成年人也是有逆反心理的。

"雪夜闭门读禁书"，这可能是最让旧时文人感到刺激和满足的精神享受了。

《红楼梦》曾经也是禁书，《红楼梦》的风行，不仅仅在于其了不起的文学属性，更在于它还是一部反映贵族生活的小百科全书。对于旧时代的中国读者来说，能够窥得特权阶级的生活方式，获取宫闱秘密是一种巨大的诱惑。对于今天的读者来说，阅读一些反映超级明星豪奢生活与八卦新闻的报纸，比阅读《红楼梦》更有兴致。

吸烟有害健康，是人人皆知的道理。

朋友从澳大利亚带回来的香烟，盒子上都有血淋淋的画面，这些源于真实生活的图片，展示的是肺癌、坏疽的脚和脚趾，或者咽喉癌所引起的嘴唇破裂和牙齿脱落。这是政府警告烟民：吸烟可能要了你的命。

一些吸烟的成年人，还会给你"上课"："一些香烟爱好者都很长寿。就算吸烟真的有害健康，但一旦戒烟，会给身体带来更大的危害……"

叫好的产品未必能叫座

1955年，瑞士发明家乔治·德·迈斯德欧获得了粘扣带的专利权。此后，粘扣带成为了拉链、挂钩、鞋带和其他用来扎紧东西的工具的替代品。

在系紧鞋子方面，粘扣带比鞋带更占优势。粘扣带不仅比鞋带使用起来更加简单、快捷，而且还避免了鞋带容易松开，甚至把人绊倒的尴尬。

尽管曾经有很短一段时间似乎粘扣带在市场上所占分量很大，但是现在穿用粘扣带鞋子的成人却很少。为什么粘扣带没有把鞋带淘汰掉呢？

最早的时候，粘扣带被广泛用于儿童、老年人的鞋子中，并为之提供帮助，这也是粘扣带在鞋业中受欢迎的原因之一。

粘扣带在童鞋中受欢迎，是因为很多青少年儿童还没学会如何系鞋带，使用粘扣带的鞋子很方便，而且也方便家长给孩子穿鞋。

在老年人中,粘扣带受欢迎是出于身体原因。一些老人行动不方便,很难弯下腰去系鞋带。而且有些老人因为手指患有关节炎,不灵活,穿粘扣带的鞋子更容易一些。

商学院的尴尬

一些人去读 EMBA,求知并不是"主菜",附带的"同学"这层社会关系才是他们真正想要的。如果这些论断成立,那么商学院教育将陷入一种尴尬的境地——商学院卖的,不是财技,而是关系。正如健身房卖的,不是健康,而是社交。

有一句老生常谈的话:"星巴克卖的不是咖啡,是休闲;法拉利卖的不是跑车,是一种近似疯狂的驾驶快感和高贵感;劳力士卖的不是表,是奢侈的感觉和自信;希尔顿卖的不是酒店,是舒适与安心;麦肯锡卖的不是数据,是权威与专业。"

有些人上学时喜欢逃课,工作很多年了却又花高价上形形色色的培训班。很可能,一些培训班卖的,不是知识,而是同学关系。健身房也一样,美国有一家著名的连锁健身房把训练时大喊大叫的人请了出去。因为,那些在训练时大声哼哼的人是正儿八经的健身爱好者。但是,他们却是健身房客户中的"另类",他们会坏了那些对健身兴趣一般,却要在这里寻找友谊的人的兴致。普通人既要训练,也要社交,这样的人才是健身房顾客的主流。

超市为何喜欢让顾客排队

超市里往往只有那么几个收银台，有时候，收银台前排了好长的队。为什么就不能多开一些呢？这样能够方便消费者，节省时间。

如此方便的做法，为什么超市管理者就迟迟不去实施呢？

不管你相信与否，这很可能是经营者故意不去解决的。

多开设收银台，必然要占用一部分的商品摆放区。商品的摆放区域变小了，就会少摆放一些商品，消费者看到的商品也因此少了，就会影响商品的销量。而建造收银台也要花费一些成本，还要增设收银机等设备。

多建收银台，还意味着人力成本的上升。不只是占用场地问题，还要雇用更多的收银员。所以，经营者没有动力去多建收银台。

接下来，才是我们要讨论的重点：收银台的多寡，会影响顾客购买行为。

设想一下，如果收银台前有很多人在排队，那么那些只买了很少东西的消费者，看见别人都买了好多的东西，而自己手中才抱了几样东西，还要排那么久的队，他就会觉得"不划算"。因此，这样的消费者就会顺手多拿几件东西。这样就给超市带来了利益。这是经营者所期望出现的场景。

第 7 章 禁忌游戏
——顾客购买的深层动机

符号消费者

网上有一种"孕妇假肚皮"的硅胶道具，戴上后可以让人瞬间变"孕妇"。这种假肚皮的畅销让人很费解。调查后发现，购买者各有动机，有的是因为害怕被公司辞退，而有的则是为了在出行时享受孕妇的优待。

这说明，人是一种很善于伪装的动物。人表层的需求就如冰山的一角，人心深处的需求，才是推动购买行为的巨大力量。

凡勃伦在 1899 年发表的《有闲阶级论》中的著名观点早已为人所知，即通过"炫耀性消费"来显示个体所属阶级的身份。这其实就是一种符号消费。

他认为，炫耀式挥霍是有钱人取得社会地位的钥匙，"任何高度有组织有秩序的工业化社群之中，财力是建立声望的最终基础；要想表现财力并借此取得或维持名声，手段就是有钱，以及招摇式的挥霍行为"。

"炫耀式挥霍"后来专门用来指有钱人奢华而怪诞的挥霍行为。

1848 年夏天，法国诺曼底地区的报纸刊载了一则简短的新闻。有一位名叫戴尔芬·德拉玛（Delphine Delamare）的 27 岁少妇，由于婚后生活乏味，因此举债购买奢侈服装和珠宝，并且还有婚外情，最后因为承受不了情感和经济的双重压力，服毒自杀。德拉玛夫人身后留下了一位年幼的女儿，以及忧心如狂、担任医疗员、备受当地人尊敬的丈夫。

当时也是 27 岁的小说家福楼拜（Gustave Flaubert）读到了这则报道。德拉玛夫人的故事在他心中萦绕不去。1851 年，福楼拜开始创作《包法利夫人》，6 年之后，该书于巴黎出版。书中的女主人公爱玛，向往着上层社会浮华和放纵的生活，为了赢得情人和贪慕虚荣，借钱去购置珠宝华服，完全不考虑丈夫包法利乡村医生的微薄收入是否负担得起。最后，在情人背弃、债台高筑的境况下，选择了自杀。

福楼拜在《包法利夫人》的序言中写道："包法利夫人就是我自己。"好的文学作品，总能引起我们灵魂的共振。

如今，成为爱玛这样的符号消费者已经成为一种全球性的潮流。在英国，收入不高而购买奢侈品的人被称为 chavs，可以译为"俗人"，指那些没有多少钱，品位也不高却热衷名牌的人。

奢侈品正在成为必需品，新奢侈主义正在抬头。

第8章 价格诱惑
——触发购买欲的定价艺术

第 8 章 价格诱惑
——触发购买欲的定价艺术

不要过度承诺,但要超值交付。

——迈克尔·戴尔

没有降价两分钱抵消不了的品牌忠诚。

——菲利普·科特勒

市场调研的问题在于,人们很难言行一致,并且不会坦白自己的所思所想。

——大卫·奥格威

当我们感觉自己捡到便宜的时候,大脑会出现像吸食了海洛因一样的反应。

决定成交的,不是价格,不是质量,不是关系,而是"结构"。

不同的价格展示方式,不同成交步骤,不同的畅销策略,会导致顾客对产品价值的不同评估,做出非理性的购买决策。

口香糖为什么要摆在收银台附近

假设请两组人分别回答两个问题,先请一组人回答:

1. 请问北京市的人口超过 150 万吗？

2. 你猜北京市的人口有多少？

再请另一组人回答：

1. 北京市的人口超过 1800 万吗？

2. 你认为北京市的人口有多少？

在两种情况下，回答者对北京市人口的估计会一样吗？

人们做一个决定时，大脑会对得到的第一个信息给予特别的重视。第一印象或数据就像固定船的锚一样，把我们的思维固定在了某一处。这就是所谓"锚定效应"（anchoring effect）。

"锚"是如此的顽固而又不易觉察，要把这种"锚"拔起，远比你想象的要困难得多。

口香糖企业，比如箭牌，在 20 世纪 90 年代就开始推行"终端陈列"策略，也就是把商品陈列在收款台附近。

除了口香糖，超市的收银台周围总是摆满了价格不到 20 元的小商品。

这样做，除了出于商品陈列醒目的考虑，还利用了定价心理学上的锚定效应。

比如你去超市，想买一口锅和一把雨伞。路过收银台，看到一包定价才 1.5 元的口香糖，你会对这 1.5 元敏感吗？也许顺手就放在购物袋里了吧。

零售商在设计商品目录时，可以把相对昂贵的商品列在前几页，而在随

第 8 章 价格诱惑
——触发购买欲的定价艺术

后的目录页中放置价格相对较低且是客户想要买的一些商品。

如果你认为百货公司里的一套名牌西服标价一万多元理所当然，那么你还会认为旁边那条标价一千多元的领带"太暴利"吗？你买了一双3000元的皮鞋，还会嫌定价80元的鞋油贵吗？

饭店里的菜单设计，也经常利用锚定效应。菜单的第一页，往往是很贵的菜品，甚至让你有一种"这是一家黑店"的感觉。

可是，第三页开始，你暗暗松了一口气，价格很普通嘛！于是乎，你开始放开了点菜。

销售中运用最多的心理暗示就是偶遇价格的暗示效应，很多时候消费者觉得多花钱是理所应当的。

一些购物网站，以悬浮广告形式引入相关产品或其他类别产品的广告信息。

比如，当消费者登录某图书销售网打算购买图书时，一个标明旅行社"2999元起"特价旅行套餐（含机票+酒店）的广告弹出。这个价格对于一次旅行来说并不是很高，但对于图书来说却是相当昂贵。尽管产品的类别不同，但偶遇价格的锚定效应仍然存在。这就好比列车上的推销员说：不到一包烟的价钱，就能给小孩买一件益智玩具。虽然两类商品风马牛不相及，却起到了神奇的说服效果。

因此，那些注意到这则广告的消费者对图书的价格敏感度在不经意间就有所降低，使得他们可能会购买更贵一些的书籍，或者接受比他们的预期贵一些的图书。

大部分人在做购买决策的时候，需要一个决策依据。尽管有时候这个依据很荒谬，但还是觉得有总比没有的好。

比如，你要订婚了，订婚钻戒上应该花多少钱比较合适？

大部分销售员对这个问题的标准答案是"两个月的薪水"！这也是黄金珠宝业所鼓吹的标准。这其实完全是空穴来风的胡诌。因为按照情理，选购戒指的价格应该在你力所能及的范围之内。但事实上，你却或多或少接受了这个参考依据。

珠宝商人非常精明，他们知道让大家把两个月薪水当作一个最起码的标准，就可以为他们这一行带来更大的利益。原来不想花这么多钱的人，可能就会因此觉得花的钱如果低于这一标准，就会被看成吝啬鬼，于是，他们就不知不觉地接受了这一标准。同时，那些愿意花更多钱的人，还是会照样挥霍，他们会觉得这样的标准只适合那些没有钱的人。

这种价格"依据"，就像沉锚与幻影一样，深刻影响着消费者的购买行为。

极品是价格之锚

在同一品牌系列产品中，商家会制造一款"极品"，标出一个令人咋舌的价格。这其实是在利用锚定效应。

这款"极品"能否售出并不重要，关键在于它将价格"锚定"在高位，悄悄改变了相关产品的参照值。

维多利亚的秘密是美国著名的内衣品牌，拥有一件维多利亚的秘密，是不少女性的愿望。从1996年起，该公司每年圣诞节前都会由超级模特代言，高调发布一款价值数百万美元的镶钻文胸。

此举不仅吸引了媒体的注意，收到广告效果，更是提升了相关产品的销售量。

当这款文胸出现在公司产品目录上时，其实已经悄悄塞给了顾客一个参照价格。

不难想象，当一个男人在买一件"维多利亚的秘密"讨好妻子时，他先看到一款标价500万美元的文胸，是什么心情，再看到一款标价才298美元，样式、质地也很好的维多利亚的秘密，又是怎样的心情。

对于企业来说，就算钻石内衣卖不掉，上面的钻石也可以拆下来，明年继续用，几乎没有什么损失。

汽车轮圈、公仔玩具、手机、电脑，都可以效仿它的路数：

美国ASANTI公司，镶有12000颗钻石和800颗蓝宝石的汽车轮圈，报价200万美元。

瑞士昆仑（Corum）公司，镶满钻石的"经典亿万陀飞轮"，全球限量10块，标价32.5万~99.8万美元。

德国史蒂福公司，黄金绒毛泰迪熊，全球限量125只，每只售价约合8.6万美元。

英国的 Luvaglio 公司，钻石笔记本电脑，标价 100 万美元。

VERTU 是诺基亚所成立的全球第一家"奢侈"手机公司，以经营高档品牌的方式，制造出了一种人人想要，但是很少有人买得起的市场形象。这个品牌的主要客户是富裕人士，且其手机机身一般采用诸如蓝宝石、精钢这样的奢华材料打造，定价从数万元到几十万元不等。

但 VERTU 做的还是不够极致。苹果的一款纯金镶钻的"Elite Gold"版 iPhone 4S，定价为 940 万美元，这是普通人无论如何也买不起的。

橱窗里的价格玄机

很多商场的橱窗里，摆放的都是一些价格不菲的物品。

其实，在商店橱窗里摆放高价商品是一种效果较好的促销方法。当有的消费者看见商店橱窗里的物品时，就会以橱窗里的高价商品为参照判断店里的其他商品。

假设有一家服装店把他们店里最贵的衣服摆在橱窗里，橱窗里的每一件衣服都要几千块，可店里面的衣服却什么价位的都有。

有一位消费者看见橱窗里有一件标价 5000 元的衣服，便走进店里，看看是不是也有其他类似的款式。

他到店里之后真的看见了一件款式类似的衣服，但标价只有 2900 元。

此时，倘若在经济能力的承受范围内，那么这位消费者将店里的这件标价 2900 元的衣服买下来的几率会很大。

另一家店在橱窗里摆放的是同样的衣服,标价 2900 元。一位消费者看见后,想进店里去看看,店里的这件衣服标价仍为 2900 元。但这位消费者买下这件标价为 2900 元的衣服的几率会比上一家店小。

顾客最初看到的商品价格,成为之后某种真正购买的商品的决策和比较的基准,这其实是商家为顾客预设了一个"心理参照系"。

有的商店也会把一些特价商品摆在橱窗里来吸引消费者,可是一般吸引的只是买那些特价商品的低收入消费者。还有可能让那些高收入的人觉得这只是一个处理廉价商品的地方,反而将那些高收入人群拒之门外了。

定价的虚与实

人们经常会遇见这样的场景:进入一家街头小商店,听见店老板和顾客讨价还价。

有一家服装店,我们姑且称之为"A 店"。经常遇到客人讨价还价。这时老板总是尽力地解释说这已经接近成本价了,利润空间已经是非常微薄了,所以不能再降了。

尽管老板极力地解释,但客人总是满心疑虑,非要再少点才会罢休。但是,这已经就是衣服价格的底线了,已经不能再降了。要是降,那就亏本了。

结果可想而知,很多人觉得老板太死板,就不买了。所以,他的生意也就一直很不景气。

同一条街道的另一家服装店，我们姑且称之为"B店"，同样的商品定价就相对偏高，生意却相对好很多。老板在和消费者一番讨价还价之后，成交率要比A店高很多。

对于A店老板来说，他要知道，人们并不是天生喜欢讨价还价，但好胜心以及贪便宜却是人的本性。

人们不惜大费周章，讨价还价，无非要占点儿便宜。

但讲究实惠并不是唯一的原因，还有个重要的原因就是，体验一下在价格谈判过程中的胜利感。

比如，有的人，在面对需要帮助的乞丐时，他可以毫不吝啬地慷慨解囊。但到了菜市场上，他却会为了几毛钱与人争个面红耳赤。

特别是那些在意"谈判胜利"的消费者，当看到老板在价格上让步后，内心就会涌出一种自豪感，也就不会再为难老板，从而将商品买了下来。所以，B店的成交率要高于A店。

因为人的这种心理，所以市场上的叫价往往大大超出成本价的几倍，甚至十多倍。一件T恤衫，叫价360元一件，结果，最终以120元卖出。可想而知，这里面的"虚头"是何等之多？而人们总是以为讨到价了，占到了便宜。

中杯卖得更好？

在许多售卖饮品的地方，商家会推出大、中、小三种杯型，然后制定不

第8章 价格诱惑
——触发购买欲的定价艺术

同的价格。例如，某咖啡馆推出的同一款咖啡分为大杯（620毫升）19元，中杯（500毫升）14元，小杯（380毫升）12元。

但是，一般最后的销售量统计显示的都是中杯的被卖出去最多。那么，为什么会出现这种现象呢？是偶然还是另有原因？

在回答这个问题之前，首先让我们来看一个案例。

> 某厂家推出两款豆浆机，容量、功率相同。
> A型：368元，塑料外壳，干豆豆浆、湿豆豆浆和米糊功能；
> B型：668元，不锈钢外壳，干豆豆浆、湿豆豆浆和米糊功能。
> 显然，两款豆浆机只是外壳材质不同，价格却相差将近一倍。所以，很多消费者都会选择塑料外壳的A型。但是，后来为了推动B型豆浆机的销售，厂家请来了营销策划公司。营销策划公司建议厂家向市场投放少量的C型豆浆机。然后市场上就形成了下面的格局：
> A型：368元，塑料外壳，干豆豆浆、湿豆豆浆和米糊功能；
> B型：668元，不锈钢外壳，干豆豆浆、湿豆豆浆和米糊功能；
> C型：968元，不锈钢外壳，液晶面板，干豆豆浆、湿豆豆浆和米糊功能。

结果，在忽略了其他的外部市场因素的影响之后，统计显示，B型豆浆机的销售量得到了大幅度的提升。

这种情况在行为经济学中被称作"厌恶极端"的心理，也就是消费心理学上的"中杯效应"。即在价格等因素的刺激下，人们往往会选择中等型号的商品。

所以，在有大、中、小三种杯型的饮品店，中杯卖得最好也就不足为奇了。

但其实，对于大多数人，我们在选择饮品时，小杯就已经足够了。所以，理性之选应是"小杯"。但是，在"大杯"和"小杯"两个参照值的作用下，大部分人认为选择"中杯"是最稳妥的。所以，人们经常选择"中庸之道"而忘记了真实的需求。

此外，心理学家特韦斯基通过实验证明：

如果 A 优于 B，大家通常会选择 A。

但是，如果 B 又优于 C，且其优点 A 是没有的，那么许多人就会选择 B。其主要的理由就是与 C 相比，B 的吸引力显著加强了。

走上低价"不归路"

你对自己现在的职业满意吗？

如果不满意，你会选择改变吗？

然而，多数情况下，一个人即使对自己的职业不满意，也不会轻易转行。

第8章 价格诱惑
——触发购买欲的定价艺术

有人总结了原因:

第一,如果重新做出选择,就会丧失原来的经验、人脉、地位,甚至大伤元气,从此一蹶不振。

第二,我们已经习惯了某种工作状态和职业环境,并且产生了一种依赖性。

用一个经济学的词汇来表达,这叫"路径依赖",类似于物理学中的"惯性"。

美国的经济学家道格拉斯·诺思(Douglass C. North)是提出"路径依赖"的第一人,他用路径依赖理论成功地阐释了经济制度的演进,因而获得了1993年的诺贝尔经济学奖。

所谓路径依赖,是指人类社会中的技术演进或制度变迁均有类似于物理学中的惯性,即一旦进入某一路径(无论是"好"还是"坏")就可能对这种路径产生依赖。

"路径依赖"理论被总结出来之后,人们把它广泛应用在选择和习惯的各个方面。商家也很善于利用消费者的"路径依赖"心理,尝试着"放长线钓大鱼"。

市面上的打印机,一般都卖得非常便宜。比如单功能的HP喷墨打印机,价格还不到300元。

所谓喷墨打印机就是使用墨盒加墨水的打印机。若是代理商靠的是销售的量,厂家还要给"返点"。而打印机一台才卖几百块钱,那么厂家怎么赚钱呢？

厂家盈利的关键是靠后续的耗材，顾名思义，耗材是消耗品，是长期要使用的，原装墨盒一个就要一百多，一个只能打印 200 张左右，打印量大的话这样算起来消耗墨盒的速度十分惊人。

正所谓"失之东隅，收之桑榆"，厂家不靠机器赚钱，却可以靠廉价机器形成的"路径依赖"赚钱。

"路径依赖"在营销学中也被叫作"锁定效应"。

有的企业能够代代相传，而有的却日渐式微，很重要的一个原因就在于产品的"锁定效应"。比如吉列剃须刀的成功，很大程度上是利用了"锁定效应"。

在超市可以买到一种基本款的吉列双层剃须刀套装，包括一枚刀架、一枚刀片、一瓶剃须泡沫，总共才 14 元，几乎没有什么利润。

等到你需要更换刀片的时候，却发现这种双层刀片只有三枚一盒或五枚一盒装的。其中三枚一盒装的价格是 12.5 元。

可见，吉列剃须刀的刀架与刀片，具有强大的"锁定效应"。吉列赚取的正是刀片这种"耗材"的利润。

"低球策略"与一致性

社会心理学里所说的"低球策略"（the low-ball technique）是指，先提出较简单或较诱人的条件，等对方答应并产生愉快的期待后，再提出较苛

第8章 价格诱惑
——触发购买欲的定价艺术

刻的后续条件,就好像棒球投手投出的球看似低球,但在进入本垒板时却忽然上飘,变成高球一般。反之为"高球策略"。

很多推销员都精于低球策略和高球策略,因为它们可以减弱对方的抗拒性,增加自己游说的成功率。

心理学家西亚丁尼以实验证实了"低球策略"的效力。

他先问一群修心理学的大学生是否愿意参加一系列可以获得成绩加分的实验,等他们答应后,再告诉他们实验开始的时间是早上七点钟(很不方便的时间),结果答应来参加的有56%,届时真正来参加的为53%;但若先透露实验开始的时间是早上七点钟,然后再告知只要参加成绩就可加分,同意参加的比率降为31%,届时真正来参加的只有24%。

"低球策略"能够成功,源于人性中的一致性倾向。

本杰明·富兰克林(Benjamin Franklin)年轻时是费城一家小型印刷厂的老板。在他将要竞选宾夕法尼亚州议会书记员的时候,麻烦却不约而至。

在选举前,有位议员发表了一篇反驳他的长篇大论。富兰克林因

■本杰明·富兰克林(1706—1790),资本主义精神最完美的代表,18世纪美国最伟大的科学家和发明家,著名的政治家、外交家、哲学家、文学家和航海家以及美国独立战争的伟大领袖。

为这个半路上杀出的敌人很是烦恼。

富兰克林回忆道:"我不喜欢这位议员的反对意见。他是个绅士,很有钱,受过良好的教育,而且洋溢的才华很可能给他在议院带来很强影响力。事实上,后来也的确如此。不过,我并没有对他奴颜婢膝以博取好感,而是在观察一段时间后采取了其他方法。"

在听说这位议员的私人图书馆有一本珍本图书后,富兰克林给他写了一张字条,表达了特别想看这本书的愿望,并且请他帮个小忙,将这本书借他看几天。

这位议员马上将书拿给了富兰克林。大约过了一个星期,富兰克林把书还给他,并且附了另一张字条,表达了深深的谢意。

随后他们在议院相遇时,议员主动和富兰克林说话(以前他从未这样做过),并且彬彬有礼。从此,他们成为终生的亲密朋友。

通过请别人帮个小忙,本杰明·富兰克林很快扭转了一个人对他的蔑视和敌意,原来反对他的人,成为了他的朋友,给了他越来越大的帮助。

人们总是本能地寻求平衡、和谐、相同、没有冲突和可预见性,行为心理学上把这种需求称之为"一致性倾向"。

因为任何不一致都会让人们感到心理上的不适。换句话说,不一致会使人产生心理紧张,就像口渴和饥饿一样。在这种情况下,一个人便会寻找可预见性和一致性,以减轻这种紧张。

第8章 价格诱惑
——触发购买欲的定价艺术

20世纪60年代中期,美国心理学家乔纳森·弗雷德曼(Jonathan Freedman)等人做了一组研究。

首先,他让研究人员假扮成义工,在加州的一个居民区内挨家挨户地向居民们提出一个荒唐的请求:希望这些居民允许他们将一块公共广告牌竖在他们家门前的草坪上。为了让这些居民了解广告牌竖起来之后会是什么样子,他们给居民们看了一张照片。在这张照片上,一栋漂亮的房子几乎被一块很大的广告牌遮得严严实实,广告牌上歪歪扭扭地写着"小心驾驶"几个字。可想而知,这一地区的居民大多拒绝了这个要求(83%)。

同时,另一组实验也在进行,不可思议的是,另外一个社区的居民却对此提议赞同,他们当中有76%的人同意将他们门前的草坪贡献出来。这些人之所以会如此慷慨,是因为在两个星期之前,另外一个"义工"登门拜访,请他们同意展示一块3英寸见方的小牌子,上面写着"做安全司机"。这个请求实在不算什么,所以几乎所有的人都答应了。而就因为两个星期之前他们不经意地答应了一个微不足道的安全驾驶的要求,两个星期之后他们也轻易地答应了竖起一块超大广告牌的请求。

乔纳森·弗雷德曼的研究并没有就此结束。他们又在另一社区的居民身上做了一个大同小异的实验。他们首先请这些居民在一份名为"让加州保持它的美丽"的请愿书上签名。当然几乎每一个人都签了名,因为一个州的美丽,就像高效率的政府或健全的产前保健一样，几乎没有任何人会反对这种倡议。半个月后，弗雷德曼又派了一个新的"义工"去这些居民家里，要求把那块巨大的、写有"安全驾驶"的牌子竖到他们门前的草坪上。

这一组实验的结果令他们始料不及，居然有将近50%的人答应了这个请求。尽管两个星期之前他们做出的承诺并不是关于交通安全，而是关于另外一个公益事业主题——美化环境的。

这个结果，就连弗雷德曼本人都始料未及。为什么一个签名支持美化环境的不起眼的行为会促使人们答应另外一个完全不同而且分量重得多的请求呢？在考虑并排除了很多其他原因之后，弗雷德曼认为：这些人在美化环境的请愿书上签了名之后，就改变了对自己的看法，他们觉得自己成了按市民公约办事、急公好义的人。两个星期之后，当有人要求他们为公益事业做另外一件事情，也就是展示这块"安全驾驶"的大牌子时，为了使自己的行为和刚刚形成的自我形象相吻合，他们便答应了这个请求。

这其实是人类行为学中"一致性原理"在起作用：一旦我们作出了某个决定或选择了某种立场，就会承受着来自个人和外部的压力，迫使我们的言行与立场保持一致。

很多企业的营销和公关，也利用了一致性原理。比如，有的企业进行有奖征文活动，鼓励你写出对他们产品的使用感受，写得好就有奖励。这种征文活动的目的，当然是要你夸赞他们的产品啦。不管你是否获奖，只要你夸了这种产品，一致性原理就开始起作用了。有些企业，通过微博转发活动，搞抽奖，其实也能起到同样的效果，极少有人会轻易改变立场，成为一个"出尔反尔"的人。

让买鱼钩的客户再买艘游艇

有一个故事，讲的是一个刚刚毕业的大学生在一个销售公司工作。有个顾客来买鱼钩，结果，这个大学生又向这个顾客卖出了一艘游艇。

这是怎么回事呢？

他说："客户来后，我首先向他推销鱼钩，告诉他鱼钩怎么好，他就买了小鱼钩，我又说小鱼钩不能钓大鱼，大鱼钩才能钓大鱼，他又买了大鱼钩。当然只有鱼钩是不行的还得有渔线，于是他就又买了大小号的渔线。后来我又问他怎么去钓鱼，他说跟朋友的游艇去，然后我就又问他为什么不买一个游艇呢？这样以后自己想什么时候出去钓鱼都可以。于是，这个客户就从我这买了一个游艇。"

其实这个故事包含了一个销售心理学原理——登门槛原理，即从一开始接受小事物，到后来慢慢接受较大的事物。这当然也是一致性原理在起作用。

那个想钓鱼的客户，就慢慢接受了销售人员给他安排的从小到大的建议，因而他没有产生反感情绪，反而欣然接受了。销售人员采取的这种方法，正是因为每个人在接受未设想的事物这一方面都存在一定的抵抗。所以，循序渐进，获得了很好的效果。

根据这位销售人员的讲述,我们还可以看到,这个销售人员抓住了那个想钓鱼的客户的心理,销售人员对该客户的心理进行了分析,才取得了好的效果,最终将游艇卖了出去。

其实销售就是要让销售人员掌握客户的心理,并对他们的心理需求给予支持的过程。

一个成功的销售员要有一定的心理分析能力,多与客户接触,了解他们的需求和消费心理,再用适当的手段,将客户心理的抵抗消除,再满足了要求,就基本成功了。

购买行为的"连锁反应"

丹尼斯·狄德罗(Denis Diderot)是 18 世纪的法国著名哲学家。有一天,朋友送了他一件质地精良、做工考究的红色袍子,狄德罗非常喜欢。但是,当他穿着这件华美的袍子在书房思考问题时,总觉得家具破旧不堪,和身上的这件华服极不相称。于是,他叫来仆人,将书房的家具置换一新。

虽然家具和衣服的格调搭配上了,但是,很快他又觉得墙上的挂毯、钟表等物件也都显得格格不入。结果,整个书房的旧东西都被他一一换成了新的。

最后他才发现,自己竟然被一件袍子"挟持"了。

这就是所谓的"配套效应"。同时,它也演绎了人类大都存在的一种心理现象。

若是某人新添置了一双好看的鞋子,很快他就会认为,头发也该理理了。因为当鞋子不再"蹩脚",发型也该来点"噱头"。然后呢,很快就会轮到外套。很显然,这都是那双鞋子引起的连锁反应。

配套效应就是,当拥有了一件新的物品后,人们会为了和这件新物品配套,而不断地配置更多的新物品,以这种方式来达到平衡。

企业在做产品设计的时候,就要想到配套效应。讲究产品之间的互补、协调,风格统一等。

配套效应是客户购买产品的重要动机。比如,一个顾客买了宜家的一个书架,可能在不久后会再买一个宜家的沙发。买了一个苹果手机后,而会再买一个苹果的平板电脑,进而会考虑是否该换个苹果的笔记本电脑,凑齐"三件套"。

宜家家居的商品定价充分利用了这一点。宜家总会推出几件性价比很高、设计精良的产品。当顾客买下这些产品后,就会产生超值的体验,在配套效应的引导下,会再买一些利润比较高的产品。

2元店为什么会赚钱

大街小巷总有一些10元店,甚至1元小店。

这些店里面卖的都是一些廉价的小商品,这种统一定价的小商品盈利模式是什么?

首先，2元店是一个引诱人付钱的地方。很多人都以为2元钱很少，可是，你还记得前面所讲的"登门槛效应"吗？

一个顾客，本来是要买鱼钩，被店里的小伙计说服，最后买了一艘游艇。一个人只要有了付钱的念头，哪怕很小，就等于已经开启了消费的闸门。要想让人付钱，从最小的金额开始是最好的，比如，2元钱。

2元店内的物品繁杂，几乎都是生活常用品。人们进店后，一般都会顺手多买几样可能用得着的商品。于是，聚少成多。细心的顾客还会发现，几乎不存在纯粹的2元店，因为在2元店里面，还摆放着一些看上去挺划算，但价格远高于2元的商品。

其次，从物流上讲，所售货物的体积较小，商家在物流环节会节省一些资金。

在宣传方面，也很省钱。2元店根本就不用做任何的宣传，也不用发什么宣传单，免去了印刷方面的费用，而2元店里也不用雇佣太多的人员照看店铺，一般都是找一些兼职人员，也减少了开支。

第四，这些物品都是一些生活小物件，价格不高，一般不存在退货的问题。由于这些商品很便宜，就算消费者不满意，一般也不会因为几元钱而找店主"理论"。

为什么电影院的爆米花很贵

有一个开苹果产品专卖店的朋友告诉我，在他的店里，苹果的周边产品

第 8 章 价格诱惑
——触发购买欲的定价艺术

比苹果主产品还要赚钱。比如，一个成本不过几块钱的 iPad 外壳，定价可以达到 100 多元。

所谓"好马配好鞍"，昂贵的主产品往往能催生更暴利的副产品。

提起电影院，大多数人很自然会想到爆米花。本来毫不相干的两种东西，因为消费者的需求被紧密地联系在了一起。此外，电影院内爆米花的价格和外面相比几乎可以用"天价"来形容，但是每当电影开场前，买爆米花的人却络绎不绝。

为什么这么贵的爆米花，生意却还是这么火爆呢？因为这是在一个特殊的消费环境里。

看电影是件可以满足视觉、听觉享受的娱乐事件，要是还能满足味觉，那就是锦上添花了。这样，人们就基本上得到了一次全方位的享受。进入电影院后，价格昂贵的电影票都已经买了，爆米花的价格即使很贵，也很少有人因为一桶爆米花让自己的心情受影响。此时，让自己的所有需求都得到满足成为这种消费环境下人们的第一愿望。

所以，电影院和爆米花便形成了主产品和副产品的关系。就如同沙发和沙发垫一样，消费者既然已经花钱买了沙发，买沙发垫就会是件很自然的事情了，即使价格有些贵，人们也大都不会为此斤斤计较。

此外，一般人们都会自我安慰：人都已经进入电影院了，总不能为了省几块钱再跑到外面很远的地方去买一桶爆米花吧。所以，即使贵了点也只能接受了。

高球策略：先向客户推荐贵的商品

高球策略是指：先提出很大的要求来，接着提出较小、较少的要求。

高球策略与低球策略相反，它是先提出较高的要求。它背后的心理原理是锚定效应——给出一个较高的参照值。

"中国人的性情总是喜欢调和、折中的，譬如你说，这屋子太暗，说在这里开一个天窗，大家一定是不允许的。但如果你主张拆掉屋顶，他们就会来调和，愿意开天窗了。"这段话出自鲁迅先生的《无声的中国》。

这也可用在商品销售中，即先向客户先提出一个较离谱的大要求，随后提出一个较合理的要求，后来的合理要求能够被接受的可能就增大了。但是，如果直接把合理的要求提出来，它被客户接受的可能性就相对降低了。

在电器城，导购员常会遇到这样一种情况：顾客要为自己刚装修好的房子购置一些电器。平板电视当然是首选，如果遇到合适的音响顾客也会考虑配置一套。

如果电视机比音响贵，那么，导购员应该先向顾客推荐彩电还是音响呢？

当然是电视机！

一般而言，若一个人买下了一台昂贵的彩电，他也会愿意为它配备一台较好的音响。

第8章 价格诱惑
——触发购买欲的定价艺术

此外，如果电视机和音响价格相差比较大，若此时导购向顾客推荐音响，他们也会更容易接受。因为两者对比，显得音响价格便宜了。这就是为什么总在付款之后，汽车经销商才建议你购买各种配件的原因。

这从营销心理学上来讲，体现了一种适应和反差的原理。由于人的这种适应与反差的心理，房地产经掮客往往会先带顾客看价格较高的房，然后再逐渐降低；保险推销员也是先向客户推荐保期长、价格贵的保险。

先向顾客推荐较为昂贵的商品，还会让顾客获得一种被尊重的感觉——不论他是否具备这种购买力。

因此，导购员向客户推荐产品时，应先给顾客设定一个价位更高的参照物。这样，对于之后销售人员真正想推销的、价格相对低的产品，客户也就更容易接受了。

心理学研究表明，人们通常不太愿意连续地拒绝同一个人，当然，互惠心理也在高球策略中起到了一定作用，即"如果他人对我们作出了让步，我们也有义务作出让步"。

因此，在第一个相当不合理的要求被拒绝后，客户在潜意识中会对对方存有一种歉疚感。所以，当后来的这个合理的要求被提出时，他会相对较易接受。

采用低球策略还是高球策略，应该相机而动。

对于一般销售人员，如果此时有多件商品陈列在柜台，而它们的价格又不同。那么，最明智的做法就是先向客户推荐价格高的商品。

也许会有人提出疑问，先向客户推荐价位低的商品，这样不是更容易被接受吗？如果第一次推销成功，再向客户推销贵一点的也不迟？

但这里要说的是，执行这一销售方案的人员大部分只能赚到销售出的那件低价商品的钱，而很少有机会卖出第二件价位高的商品。何况，对于自尊心敏感的客户来说，你先向他介绍便宜的货品，他可能会产生被轻视的不愉悦。

当然，也可以先向客户推荐价格中等的商品，这样进退皆可有据。对于挑剔的客户，可以拿出"镇店之宝"。对于追求性价比的客户，则可展示更便宜的商品。

"高开低走"的定价策略

根据心理学中的"贝勃定律"，当一个人右手举着300克的重物，这时在其左手上放305克的重物，他并不会觉得有多少差别，直到左手物品的重量加至306克时，才会觉得有些重。如果右手举着600克，这时左手上的重量要达到612克才能感觉到重了。也就是说，原来的物品越重，就需越大的量才能感觉到差别。

贝勃定律是一个"物理心理学"定律，在营销心理学方面它有着十分普遍的应用。

想想看，折扣越多，消费者就越高兴，而同一折扣的话，消费者是会对原价1000元、现在200元的物品感兴趣，还是对原价是100元、现在20元的物品感兴趣呢？

第8章 价格诱惑
——触发购买欲的定价艺术

显然，相比100元打2折发售的商品，绝对是原价1000元打2折出售的物品更具有吸引力，更会让消费者产生"物超所值"的感觉。可以说，这种"高开低走"的定价策略，完全就是利用贝勃定律来赚钱的。

有时我们会看到，某家商店为了控制进入商店的人数，在门口拉上了一条安全带，准备入店选购的人排起了一条"长龙"。这在整个商场到处打着"换季打折"之类标语的情况下出现，简直就是"奇迹"。

一些顾客看到店内很多人都在抢购，不禁被打动了，不由自主地排了队，准备进去"洗劫"一番。但当顾客进去后，大多会发现里面都是一些质量并不好，但原价却奇贵的物品。当然，那些物品是以2折的低价发售的。但是，尽管是2折，它们价格也并不低。

甚至，有些顾客还会给出佐证："这不可能吧？我经常逛这条街，这家店新货上市时，的确是那个价钱，而且都不打折。他们平时真的是门可罗雀，但只要一换季，打折打得很厉害，挤满人。"

这些商家，会按照很贵的"原价"销售一段时间，然后再进行轰轰烈烈的"打折销售"。实际上，前面的原价销售，尽管销量不高，利润却明显很高，同时为之后的"打折促销"作好了铺垫。

很多街头"快时尚"品牌，都会实行"换季打折"促销活动，但所谓"换季"，才是商家真正的"旺季"，是商家真正的收获期。

什么样的促销频率效果最佳?

顾客在看见商家搞促销的时候,都会忍不住看一眼,总怕错过一些自己想要的东西。

有些商家,一年到头总不乏打折的理由。今天情人节,明天妇女节,再过几天就是五一节、母亲节、父亲节……

一些商家则很"矜持",很长一段时间才搞一次打折促销。

商家经常打折,还是偶尔打折更有利呢?

美国的行为心理学家斯金纳曾做过一个实验。他把两只老鼠分别关在两个笼子里,笼子里面设置了一个可以摇动的摇杆,只要一碰到摇杆就会有食物从上面掉下来。

老鼠在笼子里待了很长时间都不知道这个摇杆的作用,但有时候老鼠会碰到摇杆,食物就从上面掉了下来。

之后,两只小老鼠就数次摇动摇杆,食物都从上面掉了下来,而小老鼠就一直摇动着摇杆,屡试不爽。

然后小老鼠就记住了这一点,在它想要食物的时候就会摇动那个摇杆。

刚一开始,老鼠摇动摇杆就会掉下食物来。

在持续一段时间以后,斯金纳改变了设置,把其中一个设置成

第 8 章　价格诱惑
——触发购买欲的定价艺术

不再掉下食物。

老鼠再怎么去摇动摇杆,都不掉下食物了。这时,这只老鼠摇摇杆的意识也就慢慢消失了。

斯金纳把另一个笼子也改变了设置:并不是每摇一次就会有食物掉下来,而是偶尔会有食物掉下来。在这种情况持续一段时间后,即使已经不往下掉食物了,老鼠还是会继续摇摇杆,期待着这一次的摇摇杆会有食物掉下来。

另外,将摇一次摇杆就掉食物的情况,和不知道什么时候摇摇杆才能有食物的情况相比较,后者能够使小老鼠相关意识保存的时间更长。

而另外的,将得到食物的几率较高的情况和得到食物几率低的情况相比,后者也能够使小老鼠的意识持续更长的时间。

加强正面刺激,在心理学上被称为"强化"。总是给予一定量的刺激和时弱时强的刺激相比,后者的效果更加明显。这个原理同样适用于人。

大小节日都实施打折促销,与只在重大节日才偶尔让利相比,后者的效果就更为明显,另外,商家还可以采取那种毫无征兆的突然特价促销,这样的效果会更加明显。但一定要注意的是,这种突然实施的特价商品促销,最好是能多设置几件优惠的商品,这样给顾客带来的实惠越大,给顾客留下的印象越深。

尽管从理论上讲,偶尔的促销效果更佳,但在实际的操作中,要根据实际做调整。比如日本的服装品牌优衣库，有一套定价策略：从上架到清空会有三次以上降价，前两次降价后，还会调回原价，第三次以后就不会再调回，直到卖光为止。降价范围为全品类 10%~40% 之间。这样，顾客会觉得确实买得实惠。

限时限量的特价策略

在去逛超市的时候，经常会看到发的传单或者在墙壁上贴着的促销商品海报。但是这些商品往往不允许顾客随意购买，而是限时限量。

一提到"限量"二字，总是让人们趋之若鹜。仿佛一沾上这两个字，不管是什么商品，都会给使用者带来心理上的满足，带来疯狂。而超市的限量限时营销只是常规营销方法的一种补充方式，不会成为主导的营销模式。

某超市海报上标有"5kg 装强化面粉原价 21.8 元，现价 10.8 元，库存 2000 袋，每人限购一袋；5L 装大豆油原价 55.6 元，现价 49.9 元，库存 2000 桶，每人限购一桶；活鲤鱼原价每斤 5.6 元，现价 2.99 元，库存 500 斤；5L 装福临门玉米油原价 84.5 元，现价 65.9 元，特供售 200 桶"等吸引消费者的促销信息。往往离超市开门营业还有一段时间的时候，超市的两个门口就挤满了人。等到超市保安人员打开门，许多人都会一溜儿小跑冲进超市，直奔粮、油、蔬菜、肉类等柜台前。几分钟内，就已经排起了长队。

第 8 章　价格诱惑
——触发购买欲的定价艺术

这类事情屡见不鲜，可以看出，超市的限量供应策略有着巨大的威力。和限量供应相类似的销售手段还有限时供应，这一销售技巧也在许多超市卖场被广泛使用。

我们经常会在超市发放的特惠商品宣传单上，看到写有"本超市某年某月某号至某号，鸡蛋特价每斤 4.99 元，每人限购 2 斤"等类似的宣传语句。

当看到这样一个广告之后，绝大多数的人会猜测为什么超市会限量限时供应，会不会是这种东西要涨价了？还是这种商品的生产出现了一些问题？或者是什么特别的日子？

不管是哪种原因，很多人都会觉得既然是限量供应的东西，就有得不到的可能性。如果在需要的时候得不到，那就是一种损失和麻烦。因此，大家都倾向于趁限时限量的时候多购买一些来备用。

更何况，俗话说得好，"机不可失，失不再来"。在这种心理因素的驱使下，人们对供不应求的东西，总是给予特别的关注，同时也愿意支付更高的代价。

超市的限时限量促销活动，也是市场营销心理战术的一种方式。利用这种方式可以使商店积压的商品在短时间内销售出去，为超市赚取更多利润。

"最后通告"的诱惑

每天上下班，你们会看到大街上有不少商店会打出这样的招牌："本店商品全部清仓处理，还有最后一天，抓住机会，不要错过"。

那么商家为什么总要打出最后的"通告"呢？

当人们听到这样具有吸引力的销售广告时，心理上就会有这样一种反应：赶快去买，不买就没有了，"过了这个村，就没了那个店"。因而也就会产生比较强烈的购买欲。

在大街上，你们也经常可以看到一些电影招牌，人们也经常会看到，很多即将上映的电影，商家会张贴出很多电影广告，并且会在招牌下面标示：放映期只限3天，独家放映，欲看从速。

这从营销心理学上来讲，商家打出最后的通告，正是抓住了消费者这样一种心理：物以稀为贵，机会越少，就越难得，就越珍贵，所以力争得到这些机会。

广告一打出来，顾客就会这样认为：这些机会不容错过。因此，他们不会过多考虑，便会果断作出决定，狠狠地抓住这些难得的机会。

消费者往往会在看到商家的最后"通告"后，产生巨大的思想斗争，"机会有限，去还是不去""还是去吧，机会难得，不容错过啊"。这是消费者的自我暗示心理在起作用，再加上商家的最后"通告"，消费者就很容易产生"抓住机会"的念头。

很多商家都会设置最后期限。当顾客得知这种商品很稀缺时，就会尽快将稀缺商品买下。顾客也担心货源紧缺，听到商家说缺货，要尽快购买，不然就涨价时，顾客难道还无动于衷？

第9章 多见则喜
——印象的叠加、强化与微调

第9章　多见则喜
——印象的叠加、强化与微调

入鲍鱼之肆，久而不闻其臭。

——刘向

广告，应该是品牌形象的展示，而且每一次广告，都应是上一次广告的叠加。

——大卫·奥格威

"收礼还收脑白金"，这个广告语不能改，一改，前面投的广告等于完全作废了。

——史玉柱

我们对熟悉的东西，总是更加喜欢。

不论是熟悉的面孔、熟悉的气味、熟悉的旋律，还是熟悉的口号。

我们仅因与某人见面次数比较多，就能建立并维系某种好感。一回生，二回熟，三回四回是朋友。

这在心理学上叫作 Mere Exposure Effect。这个概念的译法很多，可译为"曝光效应"或"单纯接触效应"。

心理学家认为，曝光效应的产生是因为一个刺激的重复曝光并没有产生不好的影响，这样的刺激最终成为一个安全信号，而"安全的"就是"好的"。

曝光效应

对于我们的祖先来说，如果他们经常遇见的某一事物对他们而言比较安全的，那么说明此物还没对他造成什么威胁。比如每天早上都能看到的果树有助于他们找到"家"，或者类似家的栖息地。所以，人类本能地会喜欢自己常见的、无害的事物。

罗伯特·查荣克（Robert B. Zajonc）是斯坦福大学的一位社会心理学博士。他通过实验证明，人们看到一个"刺激因素"越多，就会越喜欢它。

查荣克在 1968 年进行了一次实验，准备了 12 张某大学毕业生的大头照，然后随便抽出几个人的照片，并让参加测试的学生们看这些照片。

开始实验时，查荣克对这些学生说："这是一个关于视觉记忆的实验，目的是为了测定你们对所看的大头照的记忆程度。"

而实验的真正目的则在于了解，观看大头照的次数与好感度的关系。观看各大头照的次数分别为 0 次、1 次、2 次、5 次、10 次、25 次，每种情况下各看两张。随机抽所看的大头照，观看次数计 86 次。

实验结果表明，受试者观看照片的次数与他们对照片的好感度成正比。

也就是说，当观看大头照的次数增加时，不管照片的内容如何，好感度都会明显的增加。该实验清楚地证明了"曝光效应"。

查荣克后来又做了类似的实验。

首先，虚构了 3 个单词：weibok、xiday、bokebang。

接着，让被试者猜测这三个词在突厥语中表示的是好事，还是坏事。

实验结果是，一个词重复次数越多，聆听者就越会认为这个词汇代表积极、正面的事物。

其实，这三个词都是凭空捏造的，无论在突厥语还是英语中，都只是一些毫无意义的音节。

后来，查荣克又向这些对汉语一窍不通的被试者，展示了一些汉字，结果发现，他们对这些汉字所代表的含义好坏的看法，也完全取决于他们看到这些汉字的频率。

我们喜欢赋予我们熟悉的事物更多的好感——熟悉的人物、熟悉的风味、熟悉的话题……熟悉的事物能使人产生安全感和可控感。这个发现应用甚广，可用于政治选举、广告营销、音乐推广等。

"混个脸熟"很重要

通俗地说，"曝光效应"也可称之为"多见效应"或"混个脸熟效应"，这个心理效应的关键在于一个"混"字——量比质更重要。

有位日本营销专家认为，维护客户关系大有学问，见面时间长，不如见面次数多。每月 10 分钟的简单拜访，要胜过每年打一次高尔夫球。

这就是"混个脸熟效应"，简单的露脸，持续的曝光率，就能获得"人气"。

你有没有过下面的经历呢？

某部电视连续剧的主题歌或片尾曲，你起初并不欣赏，但等你看了几集以后，慢慢觉得这首歌顺耳多了。又看了十几集后，发现自己已经喜欢上这首歌了。

"混个脸熟效应"，可能会使你联想起"潜意识广告"。

所谓"潜意识广告"，就是利用了消费者的潜意识知觉进行广告刺激，推广产品的一种手段。比如，食品广告商在播放电影胶片中插入食品图片。比如说一秒50帧的视频，广告商会在中间插入1帧食品的画面。潜意识广告认为，虽然人看不到这幅画面（因为出现、消失得太快了），但是在潜意识中就会有了这个食品的概念，这样就成功地将信息打入了消费者的潜意识里。

实验证明，潜意识广告只是一种噱头，并不能影响顾客的购买欲。

但是，"混个脸熟效应"却不同，它是客观存在的。

很多营销策划人会将新产品畅销的功劳据为己有，说某个产品卖得好，是因为自己的广告创意好。

有个企业家不信邪，自己设计一则土得掉渣的广告，在电视台投放一段后，效果居然非常好。这个企业家就是史玉柱，"收礼只收脑白金""脑白金送礼档次高"等著名宣传语就是他亲自设计的。

史玉柱说过一句话，大意是：所谓品牌塑造，无非就是重复，不断地重复。这其实就是"混个脸熟效应"在营销中的一个旁证。

"今年过节不收礼，收礼就收脑白金。"

诸如此类的乏味广告，理当遭人厌烦，但其产品销售状况一直不错。

重复的巨大魔力，使得消费者对广告从皱眉，到默认，到记住，再到不反感。

有位朋友曾说过，尽管部分广告格调不高，却也基本无害。能让消费者记住，也是一种本事。我对某广告的夸大性宣传心知肚明，但是亲戚生病了，送礼左右为难时，最先想起的就是它。

曾有网友，戏仿《江城子》将广告词串联了起来：

十年生死两茫茫，恒源祥，羊羊羊。千里孤坟，洗衣粉用奇强。纵使相逢不相识，补维C，施尔康。夜来幽梦忽还乡，学技术，找蓝翔。相顾无言，洗洗更健康。料得年年断肠处，西北望，阿迪王。

也许，在企业草创时期，能让消费者记住才是硬道理，重复就是力量。消费者记住了，也就顺理成章地会购买，那么销售额自然也会提高。

然而，低俗广告具有双刃剑的效果，虽然短期内对销售有贡献，长远而言，不利于品牌文化的建设。

炒作是作品的一部分

艺术家们最明白"混个脸熟"的重要性——曝光率比艺术功底更重要；经常露露脸，比一鸣惊人更重要。

一位资深经纪人曾告诉我，所谓"明星"，关键在于混个脸熟。

大腕演员，不会轻易接戏，但却会时不时地给自己制造点绯闻或免费客串个角色。这其实是保持人气的一种手段。

有些明星，你记不起他有什么代表作——唱过什么歌、演过什么电影，但却依然称其为明星。

香港演员"大傻"成奎安，一生演过200多部电影的配角。虽然演的都是恶形恶相的恶人，但观众都喜欢他。由于他"不择细流"，曝光率够高，人气不亚于一线巨星。

对于那些经纪公司不肯花大钱推广的小明星来说，坚持多露脸，是成功的一个重要途径。因为高的曝光会产生曝光效应，不断积累人气，由量变达到质变。

我们对商品广告的态度也是如此。某则电视广告很粗陋，我们一开始很鄙视。但经过一段时间收视后，我们便慢慢接受了它的存在，到最后，居然听起来也顺耳了。

当然，过犹不及。尽管宣传、炒作是明星工作的一部分，但"恶炒"就不好了，这是应该注意的。

第9章 多见则喜
——印象的叠加、强化与微调

同气相求，惺惺相惜

如果你拿一张自己近期的证件数码照，扫描进电脑里，用图形软件把左右脸互换，打印出来，你就有了两张照片。原版的是真实的你，另一张是相反的你。

你会更喜欢哪一张照片，你的亲朋又会做出怎样的选择呢？

国外学者做过这种实验，得出的结论是：亲朋好友会喜欢原版的照片，而当事人则更倾向于喜欢那张左右脸互换的照片。

因为我们都更喜欢熟悉的事物，因此对你的朋友来说，原版照片里的才是他们天天看到的你；而对你自己来说，左右脸互换的才是你天天从镜子里看到的自己。

我们也喜欢那些与我们"相似"的人。他们不管在观点上、个性上、背景上，还是生活方式上，都与我们相似，都会让我们对他们产生"自己人"的感觉。研究发现，有时候，"相似性"比富有魅力外表还具有说服力。

人性中存在一种同类相惜的感觉。如果这时和自己相似的是个陌生人，那么，两个彼此本来完全无关的人也会形成某种归属感。比如，在百货公司，你看上了某款鞋子，另一个人也看上了这款鞋子，你俩同时对这件物品表示喜爱，短短几秒，你俩距离便拉近了，颇有点英雄所见略同之感。

20世纪70年代初，科学家们曾做过一个实验。那时，校园里年轻人的着装，有两个极端，一种是"嬉皮士"风格，一种是"雅皮士"风格。研究人员派出的"卧底"因此或者穿得像个嬉皮士，或者穿得像个雅皮士。这些"卧底"到校园里向大学生们讨要一毛钱打公共电话。当"卧底"的研究人员的穿着与被问到的学生的穿着风格相一致时，答应他请求的人的比例超过了2/3。但是，当研究人员穿着风格与被问到的学生不一致时，给他们钱的人还不到1/2。

如果几个人对一件事情发出相同的感叹的话，这时候，人们之间的情感就会拉近，这叫同气相求。相同的感慨，可称为共鸣，或"所见略同"；相反的情况，则是"道不同不相为谋"，甚至党同伐异。

也有销售人员，在谈销售技巧的时候，会用这种增强归属感的办法，来缓和顾客的戒备。类似"咱们"这样的说辞，已经成为导购为拉近陌生顾客而使用的"常规武器"。比如，商场的导购会与顾客说："咱们80后……"言者强调相似，听者会有一种温暖的感觉。

美国在20世纪的一个实验发现，参加反战游行的人不仅更有可能在一个与他穿得相似的人的请愿书上签名，而且他们签名的时候根本不会看请愿书上写的是什么。人们会不假思索地对与自己"相似"的人做出积极的反应。

人与人之间语言、表情或动作的一致，这种现象在行为学上被称作"同步行为"。

同步行为意味着思想的感同身受或心领神会，更像是一种"神交"。

第9章 多见则喜
——印象的叠加、强化与微调

一个企业也应该有自己的价值观和愿景,至少这个企业的老板应该有明确的价值观。因为这是影响顾客购买决策的一个重要因素。如果一个企业的价值观是仁慈的,其产品就会得到仁慈的消费者的支持;如果某个企业特别关注环保,其产品就会得到环保支持者的青睐。

顾客不仅仅是在选购商品,也是在为自己的价值观"投票"。商家要学会像拉选票一样赚钞票。

俗话说:"物以类聚,人以群分。"

社会中人尽管形形色色,但几乎都是"气味相投"的人才会经常在一起,当然,家庭成员除外。

我们总是乐于接近与自己有着相同的价值观、生活方式和共同文化的人。

通常,对于和自己有共同之处的人,我们都会有一定的好感度,并且下意识地就会对其有种信任感。

当有人表现出和自己有同样品位、价值观时,人们会很自然地卸下"怀疑"的包袱。韩国的一些企业,喜欢在国内打"民族牌",宣扬"身土不二"。这其实也是在拉消费者的"选票"。

在销售中有一个有趣现象,女人在买东西时和女售货员更容易沟通。

同一年龄阶段的人也更容易沟通,不属于同一年龄段的人,交流就会存在"代沟"的问题。

为什么商家喜欢请明星做代言？

一家饮料厂家请来了一些明星来替自己的产品做代言，仅仅制作几秒的广告，就会花费上百万的经费。但从广告播出后，它的销量确实涨了很多，看来明星代言的广告还真有成效。

为什么大部分的商品广告都是明星代言呢？

因为，明星是这个时代的"贵族"，是风尚的领导者。商家其实是利用明星的影响力、号召力，进而带动大众去购买该产品。

明星代言，还会给人一种产品质量有保证的直觉印象。

明星为商家代言，存在很大的道德风险。要是某产品存在着一定的质量问题，危害社会大众的话，那是要让明星承担一定的责任的，他的公众形象必然受损。

明星在接受某些产品的厂家给的产品代言的时候，是要经过深思熟虑的，因为他要了解产品的质量，确保没有问题才能接受这单冒风险的生意。所以说，明星代言，其实是明星在拿自己的声誉为产品做担保。

而商家请明星代言，其实是在向消费者暗示：我的产品质量您放心，否则我不会"烧"这么多钱请明星做广告了。

更重要的是，明星都有一张大众所熟悉的面孔，当明星使用（或假装使用）某种产品的时候，大众的镜像神经元就启动了，人们会本能地模仿他们。

第10章 封印魔法
——情感营销与心理刻印

第 10 章　封印魔法
——情感营销与心理刻印

> 广告作品应该是温暖的，全然人性的，它触及人们的需求、欲望、梦想和希望；这样的作品，绝对无法在工厂生产线上完成。
>
> ——李奥·贝纳

> 当你同人打交道的时候，请记住，你并不仅仅是同一个遵循逻辑的物种交往，而是同一群有情感的生命在交往。
>
> ——戴尔·卡耐基

在我居住的小区，有一位阿姨每天带着一只小鸭子散步，成为一道奇景。

这是因为小鸭子会依恋和跟随它们出生后看到的第一个移动物体。在大多数情况下，小鸭子的印刻对象是它们的妈妈，而不是行为学家的腿。1910年，德国行为学家海因洛特在实验中发现一个十分有趣的现象：刚刚破壳而出的小鸭子，会本能地跟随在它第一眼见到的自己的母亲后面。但是，如果它第一眼见到的不是自己的母亲，而是其他活动物体，如一只狗、一只猫或者一只玩具鸭，它也会自动地跟随其后。更重要的是，一旦这只小鸭子形成了对某个物体的跟随反应后，它就不可能再形成对其他物体的跟随反应了。这种跟随反应的形成是不可逆的，也就是说，小鸭子承认"第一"，却无视"第二"。这在心理学中被称为"印刻效应"。

印刻效应不仅存在于低等动物之中，也同样存在于人类之中。正如神经科学家约瑟夫·勒杜已经发现的那样："当我们没有意识到影响正在发生的时候，我们的情感更容易受到影响。"

"封印"是玄幻小说里的一个概念，它可以是咒语、法术或是符咒。但在现实的营销手段中，确实有类似魔法。

营销洗脑，从 0 岁开始

大部分人都喜欢吃"妈妈做的味道"，这不是因为自己妈妈的厨艺一流，而是因为这是一种被人工后天培养成的味蕾认同，同时也是一种承载着幼年记忆的味觉。

对胎教有研究的都知道，音乐和气味的偏好，会在婴儿胚胎期形成。

研究发现，一些强烈的味道和气味，比如大蒜味，会通过母体的羊水传输，胎儿确实能够"尝到"。

这是因为，一切嗅觉和味觉都是以羊水为中介传输到胎儿的鼻腔和口腔的，羊水中富含孕妇饮食中的气味。

母亲通过怀孕期的饮食和之后的哺乳向她们的孩子传递信息，告诉他们什么是好吃和安全的食物。

2001 年的一项实验发现，在孕期喝过胡萝卜汁的妈妈的孩子会更喜欢胡萝卜口味的麦片；如果一个孕妇在孕期的最后三个月吃了很多带有咖喱味或榴莲味的食物，那么她的孩子就会比其他婴儿更喜欢与咖喱味或榴莲味相近的牛奶。

人的味蕾记忆属于感性的,其强大远远超出普通人的理解。可比可(KOPIKO)是一个菲律宾糖果品牌,你几乎可以在菲律宾任何一个城镇的小卖店里找到这个品牌。可比可的营销手段非常霸道,它的分销商为儿科医生和其他医生提供可比可的糖果,让他们分发给产科病房的孕妇们。后来的结果如你所知,这种糖果味道的食品,成为菲律宾小孩的最爱。

一些奶粉厂商甚至会不惜贿赂妇产科的护士,希望她们给新生儿喂自己公司的奶粉。因为不同品牌的奶粉配方是不同的,味道也有细微的差别。但婴儿就认第一口奶,且能记住这细微的差别。

通过在早期"印刻"产品和形象,营销者不仅能提高品牌认知度,还能培养人们对品牌的情感。

苏格拉底的譬喻

你有什么记忆深刻的事情吗?

第一口蛋糕的滋味?还是第一次病了喝的药水?抑或大学入学那天迎接你的学长?或是初恋岁月的你侬我侬?

我们可以对那些很久以前发生的事情记忆犹新。科学上将这种人脑记忆的想象称为"情感印刻"(emotional marking)。

柏拉图曾有个比喻:人脑是由两匹马拉着的马车。一匹是驯良而高大的血统高贵的白马，代表着人类高贵的理性。一匹是矮小而野性的劣种黑马，它经常冲动、闯祸，代表着人类的非理性。人必须不停地鞭挞、控制那匹小黑马。

现代研究证明，柏拉图的比喻是错的。"理性脑"产生得很晚，"情绪脑"则更为古老。代表人类情绪和非理性的那匹马，是更高大、更有力量的马，而代表着理性的那匹马其实很小。

相对来说，柏拉图的老师苏格拉底的比喻更为靠谱。

苏格拉底把人脑比喻为一块"蜡"。我们可以把自己的各种认知、体验、思想、情感往这块蜡上"盖戳"。苏格拉底说，我们知道、经历和记得的事物，会在这块蜡上留下印记。对于无法记住或没有经历的事物，我们便会遗忘或不知道。

我们经常说的"印象"一词，其实是个舶来词，也源自于苏格拉底的这个比喻。营销的目标，就是要给消费者一种特定的"印象"，在"蜡"上留一块特殊的印记。

当我们对一件事物情感强烈时，就会急剧加速大脑激素的内分泌，形成强烈的心理冲击，即使仅仅发生一次，也可以让我们终生难忘。

使受众心中产生温暖、积极情感的一种普遍方法是树立一个讨人喜欢的形象，比如一个可爱的孩子，一只让人忍不住想抱抱的小动物，或是一个能带来积极想象的名字。

或许这些形象和所要营销的品牌之间不存在任何关系，但它们也能起到促销的效果。

奥克兰大学的约翰·金（John King）教授进行了一项实验。在实验中，他们向受试者播放了一家虚构的比萨饼店的广告，广告片把一只小猫的特写和比萨饼店的商标放在了一起。尽管这两者之间不存在任何逻辑联系，但仅仅在广告片里把两者放在一起进行展示，就能令观看了广告片的受试者对这家比萨饼店的态度变得更积极、更喜欢。

用一个美好的"符号"做名字

索尼公司以前有一个复杂拗口的名字——东京通信工业公司，但是后来他们把它改成了一个发音简单的名字 Sony。之所以选择 Sony 这个名字，貌似是因为它听起来像"sunny"，这种谐音可以给人传递一种温暖的感觉。

这种命名方式启发了乔布斯，他选择了"Apple"作为公司的名字——这种名字在当时堪称前卫，他希望公司名字不仅仅代表科技，还要有人文艺术的力量。

如果你的产品名字能启发积极的情感，那么消费者就会被这个品牌深深吸引，从而激发消费者的购买欲。购买决策混合着强大的情感层面的因素。

在不知不觉中，人的情感也可能受到操纵。

据说，雷军创办的小米科技诞生之初，预备了很多备选名字，比如红星、千奇、安童、玄德、灵犀等。"红星"是一个高票通过的选项，可惜，"红星"二锅头是著名商标，有着特殊保护，即便是在科技类别中的工商注册也会受阻。阴差阳错，选择了"小米"。

如果真是这样，选择小米可谓歪打正着。小米是中国人常吃的五谷之一，温润滋养，显得亲切平和，符合小米手机的定位。为了理解一个名字如何能够获得这样的价值，不妨想一想象牙香皂（Ivory soap）的例子。

1879年的一天，宝洁公司的一位创始人，聆听了一段选自《圣经》中的内容："你来自象牙似的宫殿，你所有的衣物沾满了沁人心脾的芳香……"

当礼拜结束后，他走在回家的路上，"象牙"这个意象一直萦绕在他的脑海中。这个词汇如此美好，以至于他决定用象牙作为即将投产的新香皂的名字。据不完全统计，100多年以来，象牙香皂已经为宝洁贡献了大约30亿美元的收益。

名不正则言不顺，言不顺则是不利。罗永浩选择"锤子"做手机品牌，是借用其带有棱角的意象。

恐惧，最原始的情绪

杏仁核（产生情绪、识别情绪和调节情绪的脑部组织）与较高的脑部区域有着较为活跃的联结——该区域的神经元从杏仁核单向传输到新大脑皮层，但从大脑皮层到杏仁核则几乎没有联结。因为杏仁核的这种功能，恐惧情绪能够替代逻辑分析和思考，但反之则不然。

恐惧远远比理性强大，恐惧已经进化成了一种保护机制，保护我们的生命免受威胁，从进化的角度来看，没有什么比恐惧更重要。

然而，这种保护机制也有它的弊端。正如塞内加（Lucius Annaeus

Seneca)曾说：请告诉我谁不是奴隶。有的人是"色欲"的奴隶，有的人是"贪婪"的奴隶，有的人是"野心"的奴隶，所有的人又都是"恐惧"的奴隶。

研究发现，人类最原始的情绪都是负面的，而幸福、希望之类抽象的和正面的情绪，都是后来进化出来的。

恐惧感是人类最原始的情绪之一。如果说"快乐"是诱惑我们行动的"胡萝卜"，那么恐惧就是驱使我们行动的"大棒"。"大棒"比"胡萝卜"往往更有效。

有些医院往往用"你有病啊""病很重啊""我能治啊""但很贵啊"来忽悠患者进行"过度治疗"。虽然简单，却屡试不爽。现代消费者每天都会接触约几百条广告，其中有许多都在讲述个人缺陷。这些广告不断提醒着：你是不称职的父母，差劲的儿女，形象不佳的东道主，不受欢迎的客人，太胖，太秃，太多粉刺，皱纹太多。广告告诉你，没关系，使用我们的产品或服务就能解决这些个人危机。

某些医疗广告也是如此，本来很普通的疾病，偏要举出吓人的例子，对患者进行恐吓。然后他们的医疗产品或服务才能售出。比如，有的广告宣称"少妇因老公打鼾而红杏出墙"；某前列腺疾病治疗广告宣称，不及时治疗可能会导致悲惨的后果……但，这也只是一种"可能"，而且是小概率事件。

行为心理学的研究证实，人们总是"执着于小概率事件"。比如，乘飞机其实是比在大街上走路更安全的交通方式，但很多人都有"飞行恐惧症"，却没有"散步恐惧症"。

很多广告和商品，其实利用我们"惧"的这种情感——惧怕肥胖、惧怕衰老、惧怕落伍，等等。

自来水水质问题，催生了滤水器行业；食品安全问题，催生了有机食品行业；PM2.5 问题，催生空气净化器行业。

纽约大学的约瑟夫·勒杜（Joseph LeDoux）教授认为："我们生来就知道如何感受恐惧，因为我们的大脑已经进化到可以处理自然情况。"

肯德基、可口可乐的神秘配方

人类不愧是万物之灵长，对自己不解的事物总是充满想象与憧憬。

神秘感也是一种原始情绪，是最难忘的情感体验。

在肯德基位于美国肯塔基州的总部内，有一间守卫森严的保密房间。要想进入其中，工作人员首先要打开保险库大门，然后分别打开房门上的三道锁。开了房门，里面是一个保险柜。那里面，便是肯德基的商业机密——1940 年由肯德基创始人哈兰·桑德斯上校发明的"吮指鸡块"的烹饪秘方。

肯德基的秘方几乎是无价之宝，因为它是品牌形象的重要组成部分。

对此，美国财经作家庞德斯通持怀疑态度。他曾在一家肯德基连锁店的附近刊登公开广告，想找肯德基的员工"聊聊"。结果不但有人应约前来，甚至有人提供给他一些"吮指鸡块"的炸鸡粉。

庞德斯通拿着这些炸鸡粉去化验室，得到的分析结果是，里面只有面粉、盐、味精以及黑胡椒这四种普通的佐料，并没有传说中的 11 种香草和香料。事实上，肯德基的官方网站上就有完整的成分说明。

可口可乐的原始配方，则锁在某个亚特兰大一家银行的保险柜里，外人要想打开这个保险柜，比登天还难。

可口可乐对这个配方一直对外秘而不宣，甚至有一段时间不惜退出印度市场。

2006年8月2日，在印度爆出"有毒可乐"事件后，印度最高法院下令要求可口可乐公布其秘密配方。可口可乐干脆退出印度市场，以抗议印度政府要求其公布配方的行为。一些营销专家认为，可口可乐公司是故弄玄虚，因为在实验室里分析其成分简直是易如反掌。

可口可乐公司宣称全世界只有两个人知道他们的神秘配方，还煞有介事地说如果神秘配方丢失，将会产生严重后果。然而，认真追究起来，可口可乐在市面上已经消失多年了。现今大多数人称为"可口可乐"的东西指的是"传统可口可乐"，而市面上销售的则是配方修改过的新版本。

神秘感能够有效吸引我们的注意力，比如各种"祖传秘方"总能勾起顾客的好奇心。

过去的一些中医，为了迎合患者的求医心理，给患者开出的药方，有时越离奇越好。越是离奇珍稀，对患者的心理暗示作用就越强，治疗效果也就会越好。

但是，有些疾病，只须最便宜、最常见的药物即可治愈；有些疾病，用那些珍稀的药材，反而会耽误病情。但如果医生开了最贵的药，患者也只能怪自己病得太严重，连最贵的药物也治疗不好。

是"占领心智",还是"情感印刻"?

世界第一高峰是什么?

当然是珠穆朗玛峰,大多数人都知道。

那么,世界第二高峰是什么?

尽管它也很高,却被大多数人遗忘。这也太不公平了。

这反映了我们的大脑爱"偷懒"的现实。因为我们的心智资源是有限的。大脑的运行,也遵循着"代价最小"的经济学原则,总是尽可能地走捷径。

这就是著名的"定位"理论一再重复的事实。消费者在记住某个品类第一名的情况下,就会懒得再记住第二名。

提到剃须刀片,我们首先会想到吉列;提到商用笔记本电脑,我们首先会想到IBM。尽管同类的品牌还有很多。

所以,定位理论认为,营销目标就是在顾客的大脑里完成"注册",让顾客首先想到的就是你。

但是,仅仅抢占心智就够了吗?

人们讨厌乌鸦,喜欢喜鹊,并非因为它们谁唱歌更好听,捉虫子更积极,而是因为它们与不同的情绪相关联。古代波斯的国王,会重赏报喜讯的信使,而斩掉报坏消息的信使,这就是"恨屋及乌"。

我们的大脑并存着"快与慢"两套决策系统。一套爱抄近路,依赖直觉

第10章 封印魔法
——情感营销与心理刻印

和本能，能够快捷地做出决断，但缺点是容易出错；一套脚踏实地，讲究逻辑，但缺点是费时、费力。

现代商业社会，是资讯极其丰富的时代。我们经常要启动"快捷方式"，依赖直觉做出决断。这时候，情感是第一位的。如果能在消费者情感这一块儿留下"刻印"，才是重中之重。如果一种产品能够和某种情绪建立关联，那么就实现了该商品的情感刻印。

营销就要善于利用消费者的直觉，进行情感刻印，这种情感刻印，基本上都是和愉悦相关的。

事实上，广告这个行业之所以能够存在，都立足于这一事实：如果购买某个产品能带来愉快的联想，不管多么不相关，消费者都有可能倾向于购买它。

我们买钻石，并不是因为它真的物有所值，而是我们希望"钻石恒久远，真情永不渝"；我们买月饼，并不是月饼真的多美味，而是月饼能够唤起我们关于家庭团聚的温暖情愫。年轻人给老人带了一盒"脑白金"，并不是说这东西真的有什么神奇疗效，而是因为在这个含蓄的国度，它是一种"心意"；奥利奥饼干，一直坚持"玩着花样吃"的情感诉求，你会想起小朋友把饼干掰开、弄碎，边玩边吃的样子；六神牌花露水，并不是这款产品真的特别优雅，或者驱蚊特有效，也不是它从理性上占领了我们的心智，而是它承载着昔日的记忆。

定位，一句正确的废话

乔治·路易斯（George Lois）是美国一位资深广告人，其专著《广告的艺术》有"大众传播学的《圣经》"之称。关于定位理论的来历、局限，他曾写过一篇《定位是个屁》的文章来吐槽。

大约四十年前，市场上还没有定位理论。甚至"定位"这两个字都很少被广告界使用。

一天，优耐路（UniRoyal）化工公司的广告部经理特劳特找到乔治·路易斯，让他帮忙解决一个问题。

原来，优耐路公司最近推出了一种名叫"牛哥海"（Naugahybe）的乙烯基皮革，这种人造革甚至比真皮还要柔韧。

但是，很快，市场上就冒出了形形色色的山寨货。因此，优耐路公司需要一种宣传方案，让顾客知道他们的产品"牛哥海"才是最正宗的。

在这个时候，"牛哥海"就需要一个策略：让顾客一听到这个名字，就能联想到它就是最好的乙烯基皮革。

乔治·路易斯认为，要用一种让受众感到惊喜的方式，才能被记住。

为此，他虚构了一个卡通形象——牛哥。牛哥是一头高大温柔的怪兽，为了报答人类及优耐路公司的善意，每年蜕一次皮。尽管牛哥只是个卡通形象，却充满了温情。

这则广告具备了成功广告的要素：想象力、视觉说服力、故事、温情、朗朗上口的句子等。而这些要素相互协调,又产生了乘数效应。广告打出一周后,反馈很好。

在做展示活动的时候,会场上出现了身高两米多的牛哥;在这种人造革做的家具的上面也挂有牛哥卡通形象的革制吊牌,同时还会赠送顾客30厘米高的牛哥公仔。

零售商开始争着要赠品。那些公仔和吊牌成为了小孩子们喜欢搜集的宝贝。

这些小孩不仅鼓动父母买牛哥海制成的玩具,甚至还请求父母买牛哥海制成的沙发。父母们尽管知道那种公仔形象只是哄小孩的玩意儿,但也对这种人造革感到好奇。

特劳特作为协调此事的广告部经理,对这个成功案例很是骄傲。

后来,特劳特辞职,自己创业开了广告公司。"牛哥"作为他曾经的辉煌战绩,事业节节高升,直到后来成为了一位"定位大师"。

特劳特认为,定位就是抢占消费者心智资源,就是让品牌在顾客的心智阶梯中占据最有利的位置,使品牌成为某个类别或某种特性的代表品牌。当顾客产生相关需求时,便会将该品牌作为首选,也就是说这个品牌占据了这个定位。

特劳特甚至宣称,创造力已死,"麦迪逊大道"(美国纽约曼哈顿区的一条著名大街,许多广告公司的总部都集中在这条街上,因此这条街逐渐成为了美国广告业的代名词)的新游戏名称是"定位"。

但是,乔治·路易斯说,当年他们一起做牛哥海的推广时,从来没有从特劳特的口中听说过"定位"这个字眼。

乔治·路易斯对定位理论很不屑,他说:"定位,就是一个屁。其道理非常浅显,就如同上厕所前,一定要把拉链拉开一样。"

我认为,定位仍不失为一种很好的思维工具。定位理论并没错,但也没有那么高深莫测,用一页 A4 纸的文字,就足以说明所有的问题。对"定位"的神化或妖魔化的争执,多是意气用事。

但如果仅靠一种工具,就万事大吉了,那么营销也就过于简单了。用心经营一种产品,就如同养一个孩子。你当然要帮孩子设定一个目标,但这并不是最重要的。你要给孩子充分的爱,给他起个好名字,给他合适的装扮,关注他的情感世界,与他做朋友……

人是情绪化的物种,想象力、创造力、同理心在营销中具有点石成金的效果。著名广告人李奥·贝纳(Leo Burnett)的话,现在读来依然有其现实意义:"有趣却毫无销售力的广告,只是在原地踏步;但是有销售力却无趣的广告,却令人憎恶。"

唤起情绪的触发点

营销就是一种心理暗战。情感营销,就是"挠到顾客痒处",就是找到情绪的"触发点"。

雌火鸡是公认的好母亲,慈爱而又警觉。鸡貂,是一种有点像黄鼠狼的动物,是火鸡的天敌。

第10章 封印魔法
——情感营销与心理刻印

当实验人员把鸡貂模型放在火鸡窝边，雌火鸡便对鸡貂发动了猛烈的攻击。

幼年火鸡有个特点，就是喜欢"噗噗"叫。研究人员把这种叫声录下来，并把播放这种声音的录音机藏在鸡貂模型里。当研究人员把发出"噗噗"声音的鸡貂模型放进火鸡窝里，雌火鸡对这个天敌模型呵护备至，因为它认为这也是自己的孩子。但当录音带里"噗噗"声播放完毕，雌火鸡又开始对鸡貂模型发动了攻击。

显然，雌火鸡母性本能的"触发点"是"噗噗"声，而不是火鸡幼崽的气味、皮毛或形状。找到了这个情绪"触发点"，也就"点住了穴"。

人类也一样，存在着本能的"触发点"。人有七种主要情绪：喜、怒、哀、惧、爱、恶、欲。每一种情绪都有自己的"按钮"。

我们的偏好，来自于我们的经历。那些与愉快情绪相关联的产品，能够启动我们大脑的快感中枢。

心理学家曾对那些号称可口可乐比百事可乐更好喝的人，做过如下测试：

首先准备两支原味的百事可乐和可口可乐（注意要原味的）；4个一样的杯子，4张标签，毛巾一块，纸和笔若干。用毛巾把被试者的双眼蒙住，把4杯可乐随意交换位置若干次，排成一排。最后开始试喝，然后让他们猜哪杯是可口可乐，哪杯是百事可乐，并用笔记录下来。结果，那些号称可口可乐口感更好的人，多数都猜错了。

其实，这些言之凿凿说可口可乐更好喝的人，并没有撒谎。

假设某人是可口可乐的拥趸，当他看到百事的商标时，记忆中枢和反射系统的情感回路只有轻微的活动。但是，当他看到更熟悉的可口可乐鲜红的 LOGO 时，记忆中枢和反射系统的情感回路就会高度兴奋。这种兴奋又加强了可口可乐所带来的快感。

被蒙上眼睛后，这种额外的刺激消失了，鲜红 LOGO 的这个触发点也就失效了，因此被测试者会分不清哪杯是可口可乐，哪杯是百事可乐。

无声胜有声，尽在不言中

有些妻子和丈夫生气后，会去商场血拼一下，这就是一种通过消费展示情绪的表达：你不爱我，我就自己疼自己！男人又何尝不是？

假设一个年轻人，刚参加工作，买了一辆二手的宝来，这是"我已经济独立了"的情绪表达。

事业有了新突破，他并没有选择高配版的帕萨特，却买了一辆新款宝马，这是"天下风云出吾辈"的意气风发。

又过了几年，他结婚生子了，他换了辆沃尔沃，因为据说沃尔沃是最安全的汽车，这其实传递了"我是顾家好男人"的信号。

又过了几年，老婆不知道为什么扔下小孩和沃尔沃跟别人跑了。他又将沃尔沃换成了红色法拉利跑车，因为法拉利代表着激情

第 10 章　封印魔法
——情感营销与心理刻印

和浪漫，这是"我依然年轻，未来会更好"的愤激表达。

语言具有天然的局限性。

我们常常会遇到"词不达意"或者"言不尽意"的时候。很多时候，情绪无法用语言表达。产品的情感刻印，往往就能达到"此时无声胜有声"的效果。

有一个著名的关于"情感刻印"的案例，来自于安德雷克斯牌厕纸。

安德雷克斯一度将自己的劲敌——舒洁的销量远远甩在后面，利润是对手的两倍还多。而两家公司的广告费用、产品质量、定价几乎一样。

英国的罗伯特·西斯教授（Rokert Health）对此感到很好奇，就进行了深入的调查研究。罗伯特教授发现，长期以来，安德雷克斯都坚持用一个小狗形象的吉祥物来表现它们产品的优点：柔软，有韧性，量又多。比如，一个女人抱着一只小狗，他们身后的一卷厕纸被一辆飞驰而去的汽车拖成了一条长长的白色旗帜。

从逻辑上来讲，小狗与厕纸，关系很微弱，有点风马牛不相及的意味。

但是，罗伯特认为，小狗能让人启动一系列幸福、温馨的联想：朝气蓬勃的年轻家庭、针对小狗的大小便训练……

由周杰伦代言的优乐美奶茶，并没有强调这个产品的健康或美味，而是让周杰伦说："你是我的优乐美。"这样就唤起了女孩子渴望被宠爱，希望被像奶茶一样捧在手心里的"通感"。

这种情感的关联，在每一次广告播出后，都得到了加强。情感正是如此被"刻印"的。当消费者面临两者价格、质量相同的厕纸时，正是情感帮助他们做出选择的时候。

风行水上，自然成文

情感刻印应该如风行水上，自然成文。

某些产品，过犹不及，打出的广告过于煽情，消费者不会对产品产生愉快的联想。

"农夫山泉有点甜"，是一个诉诸情感的绝佳宣传语。"有点甜"，那种自然的喜悦，意味无穷。但是，农夫的TOT苏打红茶的电视广告，则有点莫名其妙："星辰，高考时你为什么要选择北京的大学？"对于这则广告，有很多网友表示看不懂，甚至对产品产生抗拒。可见，广告煽情，有时会过犹不及。

大卫·奥格威（David Ogilvy）曾批评过一种广告人。他说，广告公司受到把广告看成是一种前卫艺术形式的人的骚扰。他们一生里什么也没有卖出去；他们的野心是获得戛纳广告节的奖项；他们诱骗不幸的客户一年花几百万来让他们展示创意；他们对所宣传的产品并不感兴趣，还认为消费者也对此没兴趣，所以，他们几乎一点不提产品的优点。他们充其量是些帮找乐子的人，而且是很蹩脚的那种。

有时候，广告能不能受到受众的喜爱，仅靠发几张问卷做调研，未必就能反映真实的情况。有的被调查者是冲着奖品去的，有的被调查者言不由衷，有些是因为问卷设计不合理……

现在，已经可以通过脑扫描技术，来窥探广告受众的真实感受。可以预测的是，随着技术成本的降低，大脑扫描技术将成为未来营销的常用手段。

第11章 摩登猿人
——现代消费者的原始思维

第11章　摩登猿人
——现代消费者的原始思维

> 每一则广告，都是品牌印象的长期投资，不允许有丝毫冒渎印象的行为。
>
> ——大卫·奥格威

> 我不再把爱、恨、愤怒、嫉妒、野心、慈悲等情绪视为人性的缺陷，它们与冷、热、风、雷一样，只是一种自然属性。
>
> ——巴鲁赫·斯宾诺莎

行为经济学教授丹·艾瑞里（Dan Ariely）指出，我们买的东西通常不仅仅是物品，还有那个物品所承载的一种理念。

著名广告人大卫·奥格威非常欣赏一则广告文案，那是一则治疗脱发的羊毛脂广告：你见过不长毛的羊吗？

这则广告，反映了大众脑子里一种名叫"精粹主义"的原始思维方式。

柏拉图有一个理论：如果有一种真正的真理，那么，任何现实里的真理都是这个理论上的真理的近似者。比如说，有一个理想中的绝对的圆，那么现实中的圆，只能无限接近于这个圆。如果有一只真正的兔子，那么任何现实里的兔子都是这个理论上的兔子的近似者。这个，就是所谓的"Essentialism"，可以翻译为"精粹主义"或"本质主义"。

西藏不产藏红花

很多人到四川、云南、西藏都会顺便买点藏红花。但是，西藏想要引进这种外来植物，却从未试种成功过。

藏红花又称番红花、西红花，是一种鸢尾科番红花属的多年生花卉，也是一种常见的香料。藏红花是亚洲西南部原生种，最早由希腊人人工栽培，主要分布在欧洲、地中海及中亚等地，明朝时传入中国，《本草纲目》将它列入药物之类，中国浙江等地有种植。

藏红花，某种程度上应叫沪红花，因为它是上海市崇明岛的特产。崇明县庙镇从 20 世纪 80 年代初开始种植藏红花，目前种植规模约有四五百亩，是中国最大的藏红花种植地，其中 90% 的藏红花产于崇明这个说法，是药材公司、各地小贩、农户等处综合反馈得出的数据。除了崇明外，其他 10% 的藏红花产于浙江、河南等地。

藏红花是否真正拥有治疗疾病的神奇魔力，不在本书探讨范围，但它跟我们的大脑的关系密切。

把这种药草和西藏联系在一起，你会想到什么？神秘、古老的藏传佛教？纯净的雪域高原？简单、慈悲、智慧、无私以及终极的开悟？

精明的上海人从不为这种昂贵的植物争地名，如果它改名叫沪红花，这种草药恐怕立刻就失去了西藏地名作为背书的神秘感，"药效"估计也会打折扣。

第 11 章　摩登猿人
——现代消费者的原始思维

BUFF 效应

自恋狂乔布斯从不给自己的汽车上牌照，为避免上牌照，他甚至每半年就换一部新车。他还总是把车停在残疾人专用车位上，有时还霸占两个车位。

依照美国法规，全新的汽车可以有半年时间不用挂牌。所以乔布斯就与租赁公司签合约，每半年他就换一部全新的银色奔驰 SL55 AMG。

汽车租赁公司非常乐意做这笔生意。因为乔布斯的崇拜者非常多。他们每半年就能高价拍卖一辆九五成新，被天才乔布斯开过的奔驰 SL55 AMG。更重要的是，对奔驰公司来说，再也找不到比乔布斯更牛的形象代言人了。

很多人都好奇，为什么斯蒂夫·乔布斯的车子总是没车牌号？

一种说法是因为特权让他可以无牌驾驶；还有一种说法是因为他有足够的财力，根本不介意支付那些罚款。我觉得和乔布斯追求完美的癖好有关系，这个人对号码极其敏感。当年苹果公司给他的工牌编号是2，他不接受，因为1号已经被另一个创始人用了，他要求给自己 0 号。如果车牌编号不是自己满意的，以乔布斯的性格，宁愿空着也不上牌，不上牌就是另一种 0 号。

有一项研究证明了我们是容易被影响的物种：闪烁地暗示某一主题的图像，即使没有被有意识地感知，也能够改变受试者的信念和行为。比如，给被试者展示几分之一秒苹果公司的 LOGO，就可以提升他们在创造性任务中的表现。

如此说来，人们使用精品，或许会有一种类似网络游戏里的"BUFF 效应"（增益效果），就像一些人使用大德加持的物品。

一些消费者会被乔布斯的传奇所感染，这个时候，iPod 不再是一个随身听，iPhone 也不再仅仅是一款智能手机。

同样的饮食，装在精美的容器里，仿佛会更美味。

有人喜欢搜集被名人用过的物品，仿佛这些物品也收到了能量的"加持"。

原始社会的食人族相信，吃掉某个人，会使得他们的"精粹"与我们同在，如勇气、智慧等。

名人物品崇拜，其实也反映了一种"精粹主义"的思维方式。

比如，与某位大人物握手，会幸福得一星期不洗手。

相反，如果您与某人握手后，被确认告知，这个握你手的人，其实是个变态杀人狂，你是否会不停地用肥皂洗手呢？

摩登食人族

现代人仍然会将胎盘作为营养和美容的圣品。"精粹主义"对现代人来说仍然是根深蒂固的。

人类吃特定食物，其实反映了精粹主义思维方式。

中国人有"吃心补心，吃肝补肝"的说法；英国人则认为"You are

what you eat（吃什么是什么）"。

曾有人做过这样的实验：先准备两件外套，一件洗干净并消毒的外套，一件脏外套。

然后告诉被试者，那件洗干净的外套是一个杀人犯穿过的，另一件脏外套是普通人穿过的。如果必须做一个选择，你会选择穿哪一件？

结果是绝大部分的被试者选择穿脏外套。

营销学上还有一个众所周知的"传染效应"（contagion effect），如消费者不会想买与尿不湿摆放在同一个货架上的食物和饮料。

为什么我们会对一种对身体没有任何害处的东西感到厌恶？答案就是，我们具有本质主义的本能。同时，我们拥有一种很容易被理解的本能，即避开任何具有潜在危害性的事物。

正因如此，一家企业要做好公共关系工作，就须树立积极正面的形象。企业高层除非天纵英才，否则永远不要放浪形骸。

在设计商品陈列时，要注意整洁性、条理性，宁缺毋滥，以不令人生厌为底线。

乔布斯的美学原则，就迎合了人类"精粹主义"的思维方式。

广告是产品的一部分

美国有一家律师事务所，专打离婚官司。这家律师所在门前立了一块巨大的广告牌。广告牌上有一个超级性感的美女，还有一个超级性感的帅哥。

广告牌上的标语是：人生苦短，当断则断。

对很多人来讲，离婚是一件晦气的事情，是能不离则不离的。这则广告却有诱导人离婚的嫌疑。

如果一种产品能带来愉悦的联想，哪怕这种联想是荒诞的，消费者也会倾向于购买它。这是整个广告业存在的基础。

对了，迫于舆论压力，在几个星期后，那家律师事务所的广告牌被撤掉了。

广告是产品的一部分，正如炒作是作品的一部分。

德国的神经科学家做过这样一个实验：请一些德国大学生观看汽车商标，并对被试者的大脑进行扫描。

当屏幕上出现了德国人熟悉的大众汽车的商标时，这些被试者大脑中积极情绪的脑区开始活跃起来；当屏幕上出现他们并不熟悉的汽车商标时，比如西班牙的SEAT汽车商标，被试者大脑中的负面情绪中心和记忆中心开始活跃起来。

重复的广告，会让产品的商标与某种情绪建立关联。

诸如炸薯条、牛仔裤之类的商品，大同小异。但广告会赋予这些商品完全不同的"内涵"。

对小朋友来说，麦当劳袋子里的炸薯条，会比没有商标的袋子里的同样品位和品质的炸薯条更美味。

事实上，穿上售价为 2000 元的牛仔裤，未必会比售价为 200 元的牛仔裤看起来更性感。但是，穿上它们，自信度会明显不同。

性感广告牛仔裤品牌广告，会给消费者建立这样一种联想："穿上这个品牌，你就会变得性感。"

商品会通过广告"刻印"一种情感，通过高定价形成一种期望值，这种期望值进而转化为一种"自我实现的预言"。

情绪能影响到人的决策，大多数的购买行为，其实是靠情绪驱动的。当我们给某件商品刻印上情感的印记后，我们就会认为它比较特殊，更有价值。

所以说，好的广告只需要向消费者传递一种"积极的情绪"，并不需要多余的信息。当然，这种所谓的积极只是针对产品销售而言。

手枪与蛇，哪个更可怕？

2010 年 11 月 19 日，联合国秘书长潘基文宣布，全世界每年近 130 万人死于道路交通事故。同年，因毒蛇咬伤致死人数还不到 5 万人。然而，人类对蛇的厌恶和恐惧，却远远大于汽车。

心理学家做过这样的实验：把一些仿真的枪、一些仿真的玩具蛇，摆在一些幼儿面前。这些幼儿会对蛇表现出本能的恐惧，却拿起枪来把玩，甚至会把枪口对准自己。

美国是个枪支泛滥的国家，每年死于枪下的美国人约 3 万人，但死于蛇毒的人不超过 30 人。

尽管如此，当研究者用真蛇和装满子弹的真枪来考察美国成年人的反应时，结果发现，成年美国人非常害怕蛇，却不害怕枪。

研究还发现，在一些落后的土著部落，当地居民捕蛇、吃蛇，但他们对蛇的恐惧仍然会大于枪。

蛇是捕食灵长目动物的最古老的食肉动物之一，是历经几百万年不绝的最顽强的食肉动物。我们对蛇的恐惧，是从漫长的进化中获得的一种本能。尽管枪更加危险，却出现得很晚，我们还没有进化出对枪的恐惧本能。

从进化论的角度讲，人类是环境的产物。我们的心理机制是漫长的自然选择的结果。

相对于人类漫长的进化史，现代商业还只是个新生事物。现代人的脑壳里仍然盛着一个石器时代的大脑。一种心理机制从形成到固化成为特定的神经回路，需要上百万年的自然选择；一个遗传性状从最初出现，到在种群中扩散并最终稳定下来，需历经成千上万个世代。

第12章 成交力学
——被操纵的购买行为

第12章　成交力学
——被操纵的购买行为

说到底，每一种行业都是针对外行的共谋。

——萧伯纳

与其说我们挑选的是选项本身，倒不如说我们挑选的是选项的说法。

——阿莫斯·特韦斯基

在买时，你可以用任何语言；但在卖时，你只能使用购买者的语言。

——玛格丽特·斯佩林斯

传统营销学认为：没有降价抵消不了的品牌忠诚！其实，这句话是错的。

实验证明，消费者的心理是懵懂的，可操控的。成交的关键不是价格，不是质量，不是关系，而是"结构"。

小狗策略

出售宠物狗最简单的办法就是先让潜在客户把它们带回家。比如孩子和父母一起看小狗，承诺可以把它带回家，看看孩子是不是喜欢它。如果不喜欢的话，第二天再把它原价还回宠物店。

小狗被带回家后，如果全家都充满了喜悦，买家就不忍退货了。这就是营销学上所谓的"小狗策略（puppy dog close）"。这是一种极为有效的销售方式，至今仍为全世界的销售员所采用。

诸如免费试开一辆汽车、30天的免费会员……所有的这些采用的都是"小狗策略"。

福布斯：顾客并非要"买便宜"，而是想"占便宜"！

记者：请问福布斯先生，买便宜与占便宜有何区别？

福布斯：比如我有一个苹果，让我咬一下后以一毛钱的价格卖给你，你要了就是买便宜；而我有个苹果，让你咬上一口后以一毛钱的价格卖给你，那你就是占便宜了。

这则笑话是说，顾客并非要"买便宜"，而是想"占便宜"。你真正便宜了，他反而未必愿意买了。也就是说，客观的实惠未必能打动消费者，只有让消费者"感觉实惠"才能打动他！

你告诉潜在客户说你的产品一流，但如果他们没有接触过，没有试用过，没有带回家，他们或许根本不知道产品到底如何。如果你让潜在客户接触、试用一下，那么他很有可能就会购买。

试用是瓦解潜在客户抗拒心理的有效工具。

第 12 章 成交力学
——被操纵的购买行为

虽然,并不是所有的行业都适用"小狗策略",但越来越多的公司都已将产品试用纳入他们的销售流程,并将其视为重要的销售策略之一。

宜家效应

行为经济学家丹·艾瑞利在 2011 年主导的一项研究当中,测量了劳动投入对人们重视事物程度的影响。

一组美国大学生要根据说明折出一只纸鹤或纸青蛙。练习结束后,他们被要求购买自己的折纸作品,出价最低 1 美元。学生们被告知,可以从 0~100 之间任意选取一个数字。如果该数字超出他们的保留价格,他们将空手而归;如果该数字等于或低于其出价,他们按出价金额支付,即可获得折纸作品。

与此同时,另一组学生在不知道折纸创作者身份的情况下,被要求以相同的程序对那些折纸作品进行竞投。

第三组学生则被要求根据同样的标准对折纸能手制作的折纸作品进行竞投。

结果表明,自己动手折纸的人对自己作品的价值评估是第二组价值评估的 5 倍,几乎和第三组折纸能手制作的折纸作品价值一样高。换言之,付出过劳动的人会给自己的折纸作品附加更多的价值,艾瑞利将这种现象称为"宜家效应"。

宜家是全球最大的家具零售商，销售价格合理的各式待组装家具。这家瑞典公司的主要创新之处在于产品的平板包装方式，该包装方式降低了公司的劳动成本，提高了配送效率，节约了仓库的存储空间。

与其他公司销售已组装完毕的家具不同，宜家让客户自己动手组装家具。原来，让客户投入体力劳动有一个看不见的好处。艾瑞利认为，通过自己动手，客户对自己组装的家具会产生一种非理性的喜爱，就像折纸实验中的被试者一样。很多企业会利用用户的投入给产品赋予更高的价值，其原因仅仅是用户曾为产品付出过努力，对产品投入了自己的劳动。

打折与返券，哪个更优惠？

一家咖啡店对同一杯咖啡提供了两种优惠方案：

A. 加量 33% 不加价；

B. 原价降价 33%。

对于你来说，哪种更优惠呢？

一项调查显示，很多人会想当然地认为："它们差不多一样！"

实际上，33% 的降价相当于加量 50%。

但是，很多消费者会感觉"免费得到多余的东西"比"得到同样的东西、花钱更少"的感觉更好。

实际上，A 选项相当于返券，B 选项相当于打折。而且，很多人的返券难以全部派上用场。比如你拿一张 50 元的返券，很难购买到恰好价格是 50

元又很心仪的产品。

这一研究对营销很有意义。如果你是生产消毒水的,当市场竞争者介入的时候,不要急着降价,可以加量,加很大的量,让顾客买了你的消毒水够用个一年半载的;手机也不一定急着降价,可以不断推出升级、增配版本。

套餐,套你没商量

千刀万剐,或一剑封喉,都是一死,但显然后一种死法比较轻松。消费者买单也一样,须知支付是一种痛苦。

假设您准备去您最想去的欧洲转一转,旅行社的报价是5600元。假设这个旅行社声誉相当好,所以不必考虑欺诈的问题。它有两种付款方案供你选择:

A. 一次性付费。在旅行之前一次付费5600元,包含饮食、住宿、交通等项目。

B. 分别付费。饮食、住宿、交通等项目分别缴费,也就是消费一次,掏一次钱。加起来是5600元。

您会选哪种呢?

根据传统经济学的理论,钱是有时间价值的,所以当然是方案B合算。但行为经济学家鲁文斯坦(Loewenstein)的研究证明,大部分人会选方案A。

因为，虽然这两种方案的路线、费用可能都一样，但舒服度是完全不同的。前一种是怎么玩怎么高兴，因为钱已付了；后一种情绪变化会比较大，因为总在掏钱。

假设一杯可乐要 6 元，一个汉堡包要 10 元。这时候，商家推出一个促销政策，汉堡可乐套餐只要 15 元。这个时候，可能的销量就会上升。因为一些本来只想买一个汉堡包的顾客也会改买套餐。

假设一杯可乐要 6 元，一个汉堡包要 10 元，一包薯条 4 元。这时候，商家推出一个促销政策，汉堡、可乐加薯条套餐只要 19 元。这个时候，可乐、薯条的销量都会上升。因为顾客实际受到一种暗示，把这三样全吃了才叫完整的一顿饭。虽然从整体来讲，给予的优惠很小，但是，顾客愿意一次性买单，胜过分三次出钱。

一些家具厂商以"家具套餐"方式促销，与总价相比，让利幅度挺大。一些顾客不考虑自己的实际需求，就贸然买下"套餐"。但是，经常不是买回了不实用的东西，就是买下根本用不着的东西，实际并没有享受到优惠。

参照依赖

你今年收入 20 万元，该高兴还是失落呢？假如你的奋斗目标是 10 万元，你也许会感到愉快；假如目标是 100 万元，你会不会有点失落呢？

所谓的损失和获得，一定是相对于参照点而言的。心理学家卡尼曼将这一现象称为"参照依赖"。

一样东西可以说成是"得",也可以说成是"失",这取决于参照点的不同。

几乎所有的电视购物节目,都会利用"参照依赖"。一开始先报个高价,然后不断降价,不断超越你的期待。然后催促你赶快买,赶快买!再不买就没有了,现在买还送礼品哦!

"维多利亚的秘密"专卖店里,数千美元的文胸,因为有了数百万美元文胸的衬托,会更加畅销。

ZARA服装在百货公司其他服装的映衬下,显得很实惠。但是,与"淘宝"相同质量、款式的服装相比,就没那么便宜了。

交易效用

在行为经济学中,有一个概念叫"交易效用"。我们可以通过两个情景来了解什么是交易效用。

情景1:一个炎热的夏天,你在海滩上纳凉,渴望能喝上一杯冰凉的啤酒。此时,你的朋友正好要去附近的一个电话亭打电话,你托他帮你在附近的小杂货店里买一瓶啤酒。他要你给他出个最高价。那么你最多舍得花多少钱在这个小杂货店买一瓶啤酒?

情景2:一个炎热的夏天,你在海滩上纳凉,渴望能喝上一杯冰凉的啤酒。此时,你的朋友正好要去附近的一个电话亭打电话,你托他帮你在附近的一家高级度假酒店买一瓶啤酒。他要你给他出个最高价。那么你最多舍得花多少钱在这家高级度假酒店买一瓶啤酒？

调查结果表明，第一种情况下统计出的平均价格是 1.5 美元，而第二种情况下统计出的平均价格是 2.65 美元。

同样是在海滩上喝啤酒，既享受不到高级酒店的豪华，也感受不到小杂货店的简陋，为什么从酒店里购买人们就愿意支付更高的价钱呢？

其实这正是由于消费者受到了"交易效用"的影响。所谓交易效用，是指商品的参考价格和实际价格之间的差额所产生的效用。

这是因为人们对各种商品有一个"心理参考价位"，当心理参考价位大于商品的实际价格时，"交易效用"为正，人们就感觉占了便宜；当心理参考价位小于商品的实际价格时，交易效用为负，人们就感觉吃了亏。

网店奢侈品，缺少仪式感

奢侈品电商的短板，主要在于缺乏仪式感。

我曾经问过一位大学生对商品电商的看法。她说："哪有真正的有钱人会去网上买奢侈品？"

她说的确实有点道理。

国外有人曾对酒店预订网站做过调查，结果发现，四星级以下的酒店，通过网络预订的人很多；而四星级以上的酒店，通过网络订购的则很少。

为了一点儿折扣，精打细算，太破坏奢侈的心情了，太大煞风景了！

几年前我曾听人讲，某房地产商，身价数亿，但仍然购买各种高仿的奢侈名表。有钱人会去网上买的，但更可能买能让自己感觉捡了更大便宜的那种，比如高仿的 A 货。那种喜悦，可能比占有奢侈品还要强烈。

人们对奢侈品的态度，总是经历着一个从仰视到平视的阶段。人们购买奢侈品，是带着类似朝圣的心情的。

小财心态

在一些长途列车上，会有列车员向旅客推销袜子、皮带、玩具之类的廉价商品。他们经常这样游说乘客："少抽一包烟，就能给小孩买一件益智玩具。"

"只是一包烟的钱"，这句话有很强的蛊惑力，它会打动很多人。

一个月 90 元和一天 3 元钱，其实是一个意思，但给人的感觉就是不一样。

两种不同的表达方式会给我们带来两种不同的心态。购买心态在受分期价格的刺激以后，我们就会将这笔钱看成是微不足道的小钱，就会把它当作小财对待。这就是所谓的"小财心态"。

"狡猾"的销售人员都善于利用消费者们的小财心态，大谈特谈，来蛊惑消费者选择自己本不需要的商品或服务。也是因为这样，商家才想出了以天算价格代替以年算价格的办法。

最初的报刊,都是按年订购价格标价的。有的人在订阅报刊时倾向于一次性付清全年的费用,但这样的人只是一小部分。报刊社为了更大的发行量,定价方式不再单一,也可按照单期价格每期付费。

哈佛大学教授约翰·古维尔做了一个实验,让人们真实地感受到了这种"小财心态"的影响力。

古维尔教授将实验对象分为两组,分别回答问题。第一组的问题:如果邀请你为国际红十字会捐款,你愿意一年捐120美元吗?另一组的问题:你愿意以授权银行每月自动转账10美元的形式,向国际红十字会捐款一年吗?

结果,在愿意捐款的被试者中,大部分选择了每月10美元钱的形式。

利用小财心态吸引消费者,被应用于很多行业和地方。比如,某保健品公司打出这样的宣传语:"一天一元钱,全家人的健康顾问。"这是将一年的费用都转换为以天为单位来平均计算价钱的一个办法。

小财心态会引导人们做慈善,也可以被用来诱导顾客进行无谓的消费。这在销售心理学中被称作"一天一便士(Pennies-A-Day)"策略。

第12章 成交力学
——被操纵的购买行为

魔力价格

尾数定价法（odd pricing），也叫"魔力价格"，是利用消费者对数字的某种错觉制定尾数价格。主要针对的是消费者的求廉心理，在商品定价时有意定一个与整数有一定差额的价格，使消费者产生价格较低且定价谨慎的感觉，他们会认为有尾数的价格是经过认真的成本核算才产生的结果，因此对定价产生信任感，这是一种具有强烈刺激作用的心理定价策略。

比如39.99元这样的价格，在心理上被归入了30多元的范畴，40.00元（或以上）的价格，则被看成是40多元的东西。"30多元"比"40多元"能给人低了很多的错觉。

99元和100元的差距其实很小，但在商品销售中，这微妙的1元之差却能产生迥异的结果。

从视觉上看，99是两位数，消费者购买时会趋向于两位数的产品。当消费者挑选商品的时候，如果是以最低价选择产品（即廉价心态），那么99元的产品一定会被首先找到。如果消费者是依靠性能来挑选产品的，那么，在已有购买欲望、产品性能近似或者相同的前提下，消费者购买的时候还会有一个心理价位的导向作用，选择99元产品的消费者也会明显比选择100元的多。

在为数众多的商品销售中，99元的定价在遵循了上述尾数定价原则的基础上，会给消费者一种经过精确计算的、最低价格的心理感觉。有时，这种方式的定价还可以给消费者一种原价打了折扣的错觉，因此会觉得该商品比原来便宜了。

尾数定价又称零头定价，这种定价策略要有一定的消费者心理基础。

一些研究者认为，5元以下的商品，末位数为9最受欢迎。假如原本可以定价为5元的商品，则可以改为4.9元，吸引更多的消费者；5元以上的商品末位数为95效果最佳。100元以上的商品，末位数为98、99则最能吸引观众眼球。

但也不能一概而论。西方人一般对尾数"9"最为敏感，价格以"9"结尾就很讨巧。中国人对价格尾数更为敏感，而且多数是"五舍六入"，这样的话，把价格最后一位定成"5"就是最合适的。

根据这种消费者心理，尾数定价原则在欧美及我国常以奇数为尾数，如0.99、9.95等，这主要是因为消费者对奇数有好感，容易产生一种价格低廉、价格向下的概念。所以，也有人把这种定价方法称为"奇数定价法"。

"免费"是兴奋剂

众所周知，价格可以调节供求。

价格越低，购买的越多，当价格近乎零的时候，需求就会以非常夸张的方式显现。

某地有个农民，萝卜丰收了，却没有销路。他做了个广告，请城里人免费挖萝卜。结果涌来大批的市民，不仅拔光了他的萝卜，还顺手牵羊把他的其他蔬菜也拔了个精光。

其实,这些萝卜并不值几个钱,折算成市价,恐怕连路费都不够。但免费总能引起大众的亢奋。

"免费"引起的亢奋,与行为经济学中的"损失厌恶"相关。

如果很多人都参加了某项免费促销活动,自己却没有参加,相对而言,自己就损失了。

免费的物品和服务,迎合了人们害怕损失的这种心理。免费活动,会使人们的情绪产生波动,从而诱使人们做出非理性的购买选择。

商家在营销手段上,会推出很多"免费"的措施。

1. 部分免费。比如,在一些娱乐场所,女士免费,男士收费。这种免费策略的关键就在于不但可以吸引免费的顾客,还能吸引更多的非免费顾客进行其他消费。

2. 全免费。产品从购买、使用和售后服务等所有环节全部实行免费。比如,"微博"这项服务,巨大的访问量为网站其他增值服务的创收打下基础,如广告和无线业务。

3. 捆绑式免费。比如电讯服务商经常推出"零元购机"活动,可以白送你一部手机,但你要缴很多的话费;纯净水供应商免费送一台饮水机放在你的办公室里,但你要购买他们的桶装水。

免费会引起非理性的消费。比如在"零元购机"活动中,有些消费者平时每月只需要消费80元话费。但是,为得到一部免费的苹果手机,每个月不得不消费 300 元话费。

免运费策略也是一种捆绑式免费，它会给顾客带来非理性的购物冲动。很多人会在凑单免运费的号召下，忘记了自己是不需要这些东西的。

为了可以让大家更清楚地看到免费给销售带来的影响，我们一起来看看免运费在现实销售中的一些案例。

> 在电子商务领域，很多购物网站都进行这样的促销活动，比如：全场购物满 59 元免配送费。
>
> 这样的活动就会导致这样的结果：假如有一个顾客购买的商品价值为 55 元，就必须支付不低于 5 元的配送费。但是，倘若这位顾客再购买 4 元的商品，使购买商品的价格达到或者超过 59 元，那就不用付运费了。
>
> 即使自己没有需要的商品，也会问问朋友或者同事是否需要凑单买些什么。因此，消费者还在无形之中帮助电子商务网站做了免费的广告。

事实上，消费者和商家都看得出这个简单的得失结算。每个消费者都是这样想的：如果再多购买一些商品，凑足 59 元，就可以享受商家提供给顾客的免运费服务，这样比自己支付运费划算。而这种想法，也是销售商所预先设计好的。

其实，很多消费者在开始时并没有打算要消费 59 元，但在看到这样的促销广告之后,为了可以享受免费配送的优惠条件,就会情不自禁地再买一些本来没在计划内的,或者不需要的商品。

从销售商的角度出发,尽管消费者的心理只有微小的变化,但是足以对增加整体的销售额起到明显的促进作用。

限时、限量,异曲同工

限时特价优惠,比单纯的降价更有吸引力,因为这样做会使商品显得更稀缺。而正是这种稀缺性使商品显得更有魅力。

数量限制与此有异曲同工之妙。超市有时会限制顾客购买折扣商品的数量。"每人限购一份"或者"购物满 XX 元加价购"都是据此而来的。

你可能觉得这样会伤害顾客的情绪。不过,这样做却起到了出乎意料的效果,严格限制可能会使促销商品看起来更有吸引力。"嗯,假如只允许我买一个的话,那么这个东西肯定非常超值,超市担心一个人会买光这批货,所以才会限制购买数量。"考虑到这里,大家已经跃跃欲试要买了。

人们总是经不住排队的诱惑

一位石油大亨死后到天堂去参加会议,一进会议室发现已经座无虚席。于是他灵机一动,大喊一声:"地狱里发现石油了!"这一喊不要紧,天堂里的人们纷纷向地狱跑去。

很快，天堂里就只剩下那位大亨了。这时，大亨心想，大家都跑了过去，莫非地狱里真的发现石油了？于是，他也急匆匆地向地狱跑去。但地狱并没有一滴石油，有的只是受苦。

显然，这个小幽默是在说，人性中有一种"从众心理"。"从众心理"是大众容易犯的一种通病。虽然，每一个人都标榜着自己有个性，但在很多时候，却不得不放弃自己的个性而随大流。

日本有位名叫多川博的企业家，他因为成功地经营婴儿专用的尿布，使公司的年销售额高达70亿日元，并以20%速度递增的辉煌成绩而一跃成为世界闻名的"尿布大王"。

最初，他创办的是一个生产销售雨衣、游泳帽、防雨斗篷、卫生带、尿布等日用橡胶制品的综合性企业。但是由于公司泛泛经营，没有特色，销量很不稳定，一度面临倒闭。一个偶然的机会，多川博从一份人口普查表中发现，日本每年约有250万婴儿出生，如果每个婴儿用两条尿布，一年就需要500万条。于是，他们决定放弃尿布以外的产品，实行尿布专业化生产。

尿布生产出来了，而且是采用新科技、新材料，质量上乘。公司花了大量的精力去宣传产品的优点，希望引起市场的轰动，但是在试卖之初，基本上无人问津，生意十分冷清，几乎到了无法继续经营的地步。

第12章 成交力学
——被操纵的购买行为

多川博先生万分焦急，苦思冥想，终于想出了一个好办法。他让自己的员工假扮成客户，排成长队来购买自己的尿布，一时间，公司店面门庭若市，几排长长的队伍引起了行人的好奇："这里在卖什么？""什么商品这么畅销，吸引这么多人？"尿布旺销的热闹氛围吸引了很多"从众型"的买主。随着产品不断销售，人们逐步认可了这种尿布，买的人越来越多。后来，多川博公司生产的尿布还出口他国，在世界各地都畅销开来。

排队消费已经成为众多消费者的一个情结，就像听到哪家店的东西好吃，都会想亲自去尝一尝，满足一下自己的好奇心。商家也会利用这个现象来吸引更多的消费者，比如，餐厅服务员会优先把客人引领到靠窗的位置，目的是给路过的行人营造一种生意兴隆的印象。

某些商业广告就是利用人们的从众心理，把自己的商品炒热，从而达到目的。生活中也确有些震撼人心的大事会引起轰动效应，群众竞相传播、议论、参与。但也有许多情况是通过人为的宣传、渲染而引起大众关注的。常常是舆论一"炒"，人们就跟着"热"。广告宣传、新闻媒介报道本属平常之事，但有从众心理的人常会跟着"凑热闹"。

第13章 感官世界
——七情六欲，皆为商机

第13章 感官世界
——七情六欲，皆为商机

> 工作是剧场，生意是舞台。
>
> ——约瑟夫·派恩

> 任何具有感知能力的动物都能被欺骗。
>
> ——林恩·马古利斯

> 所有的行业都是娱乐业，商业的实质就是作秀。在体验经济时代，感情推动商机。
>
> ——斯科特·麦克凯恩

有一个简单的实验，自己在家就能做。

蒙住眼睛、塞住鼻子，三罐普通的可乐、雪碧（柠檬味汽水）、芬达（橙味汽水），你能通过品尝区分三种饮料吗？

我赌你分不清。

根据大量实验的统计结果，能区分这三种饮料的人不到5%！

这明明是三种味道不同的饮料啊，为什么会这样？

除了嗅觉这个因素，我猜想还有心理预期因素。这就和医学上的"安慰剂效应"一个道理。正常情况下，三种包装会带给消费者不同的心理预期，这种预期又会强化它的真实味觉效果。

老鼠版的"黑客帝国"

佛陀说:"五蕴皆空"。

假设,有个人被劫持,大脑被一位邪恶的科学家偷偷挖出,并放入一个营养钵内,以使之存活。大脑的神经末梢同一台非常先进的计算机连接,这台计算机虚构的世界,可以让这个人感觉自己仍然和从前一样,自由自在地活着。

那么,这个人会认为自己其实已经活在一个虚拟世界了吗?这个"钵中之脑"假设就是电影《黑客帝国》的基础。

20世纪40年代,詹姆斯·奥尔兹(James Olds)和彼得·米尔纳(Peter Miller)在研究中偶然发现,动物大脑中存在一个与欲望相关的特殊区域。这两位研究者在实验室老鼠的脑部植入了电极,每当老鼠压动电极控制杆,它脑部一个叫作"伏隔核"的区域就会受到微小的刺激。很快,老鼠就依赖上了这种感觉。

奥尔兹和米尔纳通过研究证实,老鼠宁肯不吃不喝,冒着被电击痛的可能也要跳上通电网格,目的就是触压操纵杆让自己的脑部受到电击。

依据动物实验的观察结果,奥尔兹和米尔纳认为他们发现了大脑中的愉悦点。我们现在知道,其他一些让我们愉悦的事物也会对这一神经区块产生刺激。

顾客进入商品世界,或许就如"钵中之脑"一样,自以为能自由选择,

第13章 感官世界
——七情六欲，皆为商机

但这一切，都可能是被操纵的。受想行识，都可能在按照商家预设的轨道进行。

性爱、美食、价廉物美的商品，甚至是手头的电子设备，都会对我们的大脑产生刺激，从而驱使我们采取下一步行动。

因为欲望，所以欲望

近来越来越多的研究表明，奥尔兹和米尔纳的实验中导致大脑产生波动的并不是愉悦感本身。

斯坦福大学的教授布莱恩·克努森（Brian Knutson）利用功能性磁共振成像设备，测试了人们赌博时大脑中的血液流量。布莱恩和他的研究团队想要知道，在人们赌博时，大脑中的哪个区域更加活跃。观察结果出人意料。当赌博者获得酬赏时（在这个实验中，赢来的钱就是酬赏），伏隔核并没有受到刺激，相反，在他们期待酬赏的过程中，这个区域发生了明显的波动。

这说明，驱使我们采取行动的，并不是酬赏本身，而是渴望酬赏时产生的那份迫切需要。

这就如同尼采所说的，人们着迷的不是东西，而是欲望本身。

大脑因为渴望而形成的紧张感会促使我们重复某个动作，就像奥尔兹和米尔纳实验中的老鼠一样。

心理学家斯金纳在20世纪50年代曾开展过一项研究，试图了解多变性对动物行为的影响。斯金纳先将鸽子放入装有操纵杆的笼子里，只要压动操纵杆，鸽子就能得到一个小球状的食物。和奥尔兹与米尔纳实验中的老鼠一样，鸽子很快就发现，压动操纵杆和获得食物这二者之间存在着因果关系。

在实验的第二阶段，斯金纳做了一点儿小小的变动。这一次，鸽子压动操纵杆后不再每次都得到食物，而变为间隔性获取。也就是说，有时能得到，有时得不到。斯金纳发现，当鸽子只能间隔性地得到食物时，它压动操纵杆的次数明显增加了。多变性的介入使得它更加频繁地去做这个动作。

斯金纳的鸽子实验形象地解释了驱动人类行为的原因。最新的研究也证明，多变性会使大脑中的伏隔核更加活跃，并且会提升神经传递素多巴胺的含量，促使我们对酬赏产生迫切的渴望。研究测试表明，当赌博者赢了钱，或是异性恋男性看到美女的图片时，大脑伏隔核中的多巴胺含量会上升。

我们能够在各种具备吸引力的产品和服务中找到多变的酬赏。在它们的召唤下，我们会查看邮件，浏览网页，或是逛名品折扣店。依我之见，多变的酬赏主要表现为三种形式：社交酬赏，猎物酬赏，自我酬赏。那些让我们欲罢不能的习惯养成类产品或多或少都利用了这几类酬赏。

营销唤起的需要

人有六种欲望：见欲、听欲、香欲、味欲、触欲、意欲。

佛教经典《大智度论》则认为，人的六种欲望分别是：色欲、形貌欲、威仪姿态欲、言语音声欲、细滑欲和人想欲。

第13章 感官世界
——七情六欲，皆为商机

佛教把禁欲视为修炼的途径，因为欲望启动后，人就会变得非理性。

很多资深沟通专家都认为，在人际交流中，大部分的有效沟通来自于非语言因素。美国加州大学的心理学教授阿尔伯特·马布蓝指出，在讲话的时候，听众能够接收和理解的资讯，只有7%来自字面，其他38%来自语调，55%来自视觉——比如表情、手势等。

营销也一样，要想让消费者"全情投入"，仅仅靠文字和语音是不够的。

营销就是唤起欲望，促进购买。人的感官会在外界的刺激下，产生欲望。购买行为会从被动变为主动。

未来的营销，一定是全方位调动人的欲望的。"感官营销"是通过视觉、听觉、触觉、味觉与嗅觉，全面触发顾客的购买动机。所谓感官营销，就是让顾客通过感官体验，产生购买冲动。

购物，感官欲望牵引的冒险

通常，营销手段不外乎采用视像、图像、文字、声音等媒介，利用顾客的视觉和听觉来达到销售目的。

但是，消费者在电视、杂志、报纸等的广告宣传的强大攻势下，视觉与听觉已略有麻木。如果能通过顾客的嗅觉营销，将会实现更好的营销目标。

菲律宾最大快餐企业快乐蜂集团（Jollibee Group），是由菲律宾华人陈觉中在1975年创立的。在中国大城市街头常见的永和大王，其实就是快乐蜂集团旗下的企业。

菲律宾的快餐业，最初是麦当劳一统天下，那么快乐蜂是怎么崛起的呢？

陈觉中先生回忆说，在快乐蜂创立之初，他们做的汉堡包根本打不过麦当劳。

后来，陈先生想了一个主意，买了一个大功率的鼓风机，将后厨制作汉堡包的香味吹到街上。很多路人，闻到香味都忍不住放慢了脚步，有些路人会禁不住循着香味走进店里。慢慢地，快乐蜂汉堡包战胜了麦当劳汉堡包。

■陈觉中（1953—），菲律宾快乐蜂餐饮集团总裁。

有一位国外的营销学专家说，对于其他感觉，我们的大脑都是"先思考再反应"，唯独嗅觉，是"先反应后思考"。这句话确实很有意味。快乐蜂餐饮集团的崛起，印证了这个论断。

你喜欢新汽车的皮革味、餐店的汉堡味、电影院的爆米花味，但是，很可能这都是一种罐子里喷出来的雾剂。它们的使命是勾起你的欲望，掏空你的钱包。不夸张地说，购物就是一次感官欲望驱动的冒险行为。

无法拒绝的嗅觉营销

气味营销之所以有效，是因为广告海报可以不看，促销员的话可以不听，但人们却无法长时间不呼吸。

第13章 感官世界
——七情六欲，皆为商机

大部分人的祖上都可能是农民，闻到青草的味道，就会唤起遥远的田园生活的回忆。这就是所谓的"感官联想"。

在德国的一家DIY商店里，消费者会闻到新割的青草的味道。随后，消费者被问及他们对这家商店的印象，正面的回应增加了50%。

三星电子在纽约的旗舰店里，布置了一种闻起来像蜜瓜的香氛。据说这种气味能帮助顾客放松，感觉就像漂浮在无边的大海上。在放松的情绪下，人对价格也就变得不那么敏感了。

比如在一些购物中心旁边，卖泡芙的柜台远远地就能飘来一种香味。这种芳香气味，令顾客嗅到，即使不买，也会产生愉快心理，延长购物时间。

电影院里的爆米花香味，使得本来无意看电影的过客，也忍不住驻足浏览海报；迪士尼乐园的爆米花摊，在生意清淡时，会打开"人工爆米花香味"，不久顾客便自动闻香而来。

英国航空公司，会在商务候机室释放一种蓝莓的香味，为候机乘客营造一种身处户外的错觉。在这方面做得最好的是新加坡航空公司。《旅行者》杂志将新加坡航空评选为"世界最佳航空公司"。虽然其飞机餐很一般，座位空间也不大。但是，新加坡航空公司的班机上有一种特殊的香味，它们遍布在新航空姐身上、热毛巾上以及整个机舱的各个角落。

新航的这种名为"斯蒂芬·佛罗里达（Stefan Floridian Waters）"的特制香水，已申请了专利保护。它已经成为新加坡航空公司形象的一部分，这种经过特别设计的香味，已经成为新加坡航空公司独一无二的用户体验。这种感官新体验独树一帜，营销效果好。

"现场制作"可调动购买冲动

现场演示，也是一种"感官营销"。

一家面包房生意特别好，很多人都在那排队等。你远远地就能闻到烤面包的芬芳，隔着玻璃窗就能看见面包师在里面烤面包。

看着面粉在面包师手里被揉来揉去，像是在演什么杂技一样。顾客在欣赏面包师的精彩表演时，已经把自己当做一位观众而不仅仅是消费者了。同时，面包的香气也在撩动着顾客的感官，让顾客产生食欲。

不仅面包房可以看到现场制作的过程，很多其他行业也以现场制作来招徕顾客。

现场制作，还可以消除顾客对产品质量的顾虑。现场演示制作，其实等于商家在说：我有信心，受你监督；货真价实，物有所值。

例如，A、B两家卖月饼的商店相邻。A店采用透明干净落地玻璃窗，将后厨展示给路人。顾客可以清楚看到月饼制作的流程。所以，A店前面是排着长队等候购买月饼的顾客。

B店后厨是封闭式的，顾客看不到后厨，顾客也不知道在B店做月饼的流程。

显然，顾客会更信任A店，B店生意明显没有A店红火。

背景音乐与购买决策

英国莱斯特大学的研究者在一家大型超市的酒类区播放了两种音乐：德国式军乐以及法国式手风琴曲子。

研究显示，在播放德式军乐那几天，超市里的顾客大多买了德国酒；在播放法式音乐的那几天，大约77%的顾客买了法国酒。

研究者得出的结论是，顾客更倾向于根据音乐所产生的情绪联想作出购买决策。

在一些卖场，刚开始营业的八九点钟时，商家会设置轻松的欢迎乐曲，晚上快要关闭时，商家会播放柔和的送别曲。不同的时间和不同的场合，运用不同的背景音乐，可以刺激顾客的购物欲，创造更多的利润。在商场购物，当顾客听到引导他们情绪的歌曲时，就在不知不觉间买下一些东西。

不少商店里都播放着背景音乐。有些音乐能给人一种舒缓的感觉，有些则相反。这其中大有玄机。

在中式茶馆里，顾客会听到格调轻柔的古琴声；在麦当劳，顾客会听到快节奏、嘈杂的流行音乐。

这是因为茶馆不仅在卖茶，还在卖环境，接近天籁的琴声，自然是想留住客人多坐一会儿。对于麦当劳这样的快餐店，翻台率是利润的源泉，店家最怕客人坐在餐桌上消磨时间，巴不得客人吃完就走。

假设现在正值用餐高峰，快餐店里放着舒缓的钢琴曲。很多客人吃完了，仍坐在那里陶醉在音乐里，懒洋洋地不想走。新来的顾客没有座位，而店里的服务员又没有权轰走那些吃好了仍然占着座位的顾客。长此以往，快餐店岂不要关门大吉？

研究发现，节奏的快慢与心脏的跳动频率相近最为适合。这种频率最适合人的心理和生理。

美国的营销专家米尼曼在一些超市进行调查，最后得出这样的结论：那些超市的音乐一天一换，以对这些不同节奏的音乐进行对比试验。一分钟94拍的快节奏音乐和一分钟72拍的慢节奏音乐相比，更能让顾客心情平静，能提高38%的销售量。顾客在这种节奏下，不知不觉中走路的速度也会随着音乐而放缓。

米尼曼发现，有两家同等规模、同等客流量的超市。A超市放的音乐是轻缓慢拍的，B超市放的音乐是动感节奏的快拍子。两家超市的利益确实会有很大的差异：A超市的利润要较B超市高得多。

超市的客流量虽然持平，但是顾客的消费数额却有着大大的不同。

慢节奏背景音乐正是促进消费者购买力增加的原因。

同样将此方法用在餐厅里，也是有效果的。节奏比较慢的背景音乐的效果会更好。这是因为吃饭的时间如果比较长的话，消费的量就会大一些。所以，一些希望可以将顾客留的时间较长的地方，节奏比较慢的音乐会比较适合。而一些像自助餐厅一样的以效率优先的地方就比较适合用节奏较快的音乐。

第 13 章　感官世界
——七情六欲，皆为商机

感官效果决定产品销路

很多服装店里的试衣镜都是斜放的，与墙壁呈 15 度到 20 度的角度。当它被斜靠在墙壁上时，顾客的全身都会很好地通过斜放的镜面映衬出来。

试衣镜前往往会打上强光，而且在大商场上的试衣镜上还会反射出银光。这样会让顾客在灯光的映照下更加光鲜，焕发出迷人的风采。

这样斜放的试衣镜，在灯光的映衬下，让顾客"流连忘返"。试衣镜中的我们的确比现实中好看多了。

在买衣服时，大多数女顾客在试衣镜前面往往会端详很久。她们总觉得自己比平时苗条多了，漂亮多了，身材也高挑了。

商家抓住消费者的这种直观判断产品的心理，在产品的视觉上下功夫。比如，很多人都觉得蛋黄颜色的深浅，代表着简单的营养，有些养鸡场的经营者就在饲料里添加一些维生素甚至色素，来让蛋黄颜色更红。

麦当劳甜筒的尾部被设计的很短，但是螺旋式的冰激凌却高高地树立在外面。因此，让顾客看上去错误地认为这种冰激凌的分量会很足，但其实不然。

这种现象最明显的表现应该是礼品的包装了。

一个精美的、大大的礼品盒，内部可能只是个很小、很一般的礼物。比如吉列的某种三层剃须刀，就用了很大的纸盒装起来。但是，就是这包装却可以缓解顾客掏钱的"痛感"，因为他会产生一种买了"很大"的商品的幻觉。此外，假如是女性给男朋友或丈夫买这种礼品，也会觉得能"拿得出手"。

优雅、洁净的装潢利于销售

研究发现,色彩明快的装潢可以促进顾客的购买行为。顾客为了分辨商品质量的好坏,首先要观其色,察其形。

很多奢侈品专卖店的设计都日益趋同,设计师使用大量的金色、银色、闪亮和光泽营造出优雅和洁净感,促使消费者走进店里时有一种瞬间提升地位,向奢侈品朝圣的感觉。

北京有一家贩卖蜂产品的公司,在许多超市的出口处租下空间,销售自己的蜂产品。同时,企业还出资500万元,邀请韩国当红女星担任形象代言人。但不知道为什么,产品销售不畅。这位公司的老总很着急,请了我一个朋友去做咨询。我听到这个案例后,在去超市的时候留意了这家企业店铺,发现这家企业的柜台装修很暗淡,甚至在柜台上贴了一张介绍本公司产品的旧报纸。装潢陈旧,肯定是产品滞销的原因之一。

几个月后,我看到这家企业专柜已经换了装潢。虽然谈不上色彩明快,但是采用原木的色彩,烘托出了蜂产品的"天然"特质。由于是新货架,色彩较以前还算比较明快的。同时,以前媒体报道的旧报纸也不见了。

要想唤起顾客的注意,得到更好的购物体验,就要充分利用灯光、视频、道具展示等,营造和渲染出热烈的销售气氛,唤起顾客的好奇心。顾客一旦被现场氛围感染,就会产生购买冲动。

第 13 章 感官世界
——七情六欲，皆为商机

法国的理查特（Richart）公司是一家巧克力公司，但它首先是一家设计公司，接着才是巧克力公司。其商标是以艺术装饰字体完成的，上头特别将"A"做成斜体，用来区隔"富有"（rich）与"艺术"（art）这两个词。

理查特公司像卖珠宝一样卖巧克力。他们将卖场装修得类似珠宝商展厅，把巧克力装在一个玻璃盒子中，陈列于一个广阔、明亮的销售店。产品打光拍摄，在其产品的宣传资料中就像是件精致的艺术品。

正因如此，理查特公司出品的巧克力被 *Vogue* 杂志评为"世界上最漂亮的巧克力"。

对于那些珠宝饰品专卖店，可以采用集束灯光照射。这样的强烈色彩会让各种珠宝能显得更加耀眼夺目、璀璨晶莹。顾客在这样的色彩刺激下，购买情绪也就被充分调动起来了。

对于那些崭新的餐具、厨具，还有家电，商场大多可以选择白色吊灯，这样会使得商场的各种商品显得整洁、干净、透亮。这样的色彩，也容易赢得广大顾客的青睐。

当然，对于那些销售古玩的场所，又要有所变通。此时可以采用暗黄色调的照明，来营造一种安静缓和的氛围。

对于冷饮店，营销者应该采用白色冷光源作为照明灯，尽量减少使用温色调照明。这样的色彩能够充分张扬冷饮的个性，顾客更容易受到吸引，从而促成消费。

有一家快餐店，生意还算不错，但顾客经常吃完饭后占着位子闲聊。店主去请教一位营销心理学家。营销心理学家建议店主将白色餐桌改为红色。果然，吃完饭后占着位子闲聊的现象显著减少。店主问其中玄机何在。营销心理学家解释说："红色使人兴奋、躁动，顾客吃完饭后，就无法静下心来闲聊，可以使饭店里的翻台率更高。"

不同色彩会对顾客产生不同的心理感受和联想，如：

红色：能给人以兴奋、快乐的感受，产生温暖、热烈的和喜庆的联想。

蓝色：能给人以安静、清洁、理智的感受，产生对天空、海洋的联想。

黄色：能给人以庄重、高贵、明亮的心理感受。

绿色：能给人以清凉的心理感受，产生关于田园和牧场的联想。

红橙：能给人以甜的感受，使人联想到成熟的瓜果。

紫色：能给人以高贵、娇艳与幽雅的感受。

白色：能给人以清洁、凉爽的感受。

不同的光线色彩要适应不同商品的特点，顾客就会因此而更有购买意愿。企业可根据自己生产经营商品的特点，选择不同的色彩以达到促进销售的目的。

第 13 章 感官世界
——七情六欲，皆为商机

温度与湿度可影响消费行为

进入热情的夏季，很多人都喜欢将空调温度调到十几摄氏度，来躲避酷暑带来的高温。但是，研究发现，冷气房内的温度每低 5℃，空气中的湿度就会减少 20%，所以冷气的温度别调得太低，只需比室外温度约低 5℃就可以了。

一般来说，商场的温度最好控制在 26℃。因为这是人体能感知的最舒适的温度。同时，夏天空调温度锁定 26℃对皮肤保养也是恰到好处。

某些商场，室内的空气令你窒息得想立刻逃离。其实，保持 55% 的湿度和经过制冷处理的新鲜空气，保持在 26℃即可让人感到舒服。

"过度包装"的界限在哪里

同样一瓶容量 500 毫升的纯净水，在价格相同的情况下，多数人会挑选瓶子设计更合乎美感那瓶。

心理学家曾经做过这样一个实验：

在一家咖啡厅里，实验人员专门为顾客提供一种新的咖啡，并免费品尝，但是要求顾客在品尝之后，要给这种新咖啡提一个建议价格。实验人员将所有的顾客分成两组来品尝这种新咖啡。

供第一组测试的顾客品尝的咖啡是盛放在纸杯中的。供第二组顾客品尝的咖啡是盛放在非常考究的陶瓷咖啡杯中，并且还配上专门的托盘。

实验统计结果表明，两组顾客品尝的咖啡是相同的，结果却差很多。使用陶瓷咖啡杯品尝的那一组顾客，平均出价金额要远远高于第一组使用纸杯品尝的顾客的出价。

这个实验还说明了一个问题，杯子竟然成了影响顾客出价的重要因素，精美的杯子，会让被测试的顾客产生高品质的预期，进而和嗅觉、味觉等感觉混合，"产生"一种更好的味道。

有人对月饼这种点心用精美的包装盒感到可惜，痛斥为"过度包装"。但是，这个"度"在哪里？怎么才能界定，却含糊不清。发出这种批评的人，却不会为自己乘坐的高级座驾感到过度包装，按照这种逻辑，汽车只要能代步即可。一些高档汽车，连汽车关门时候的声音，都是经过精心设计的。

密歇根大学的莱恩·埃尔德教授认为："由于味觉是从多感官衍生而来的，包括气味（嗅觉）、材质（触觉）、外观（视觉）和声音（听觉），如果一个广告能覆盖以上这些感官，就比单独提及味觉要有效得多。"

很多时候，所谓的"过度包装"是个伪概念，因为你很难界定那个度到底在哪里。